2020 年 · 上卷
No. 1　2020

Review on Public Finance & Economics

財政經濟評論

中南财经政法大学财税研究所
湖北财政与发展研究中心　编

中国财经出版传媒集团

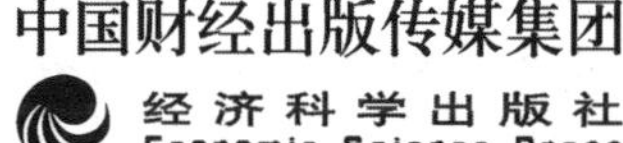

图书在版编目（CIP）数据

财政经济评论．2020 年．上卷/中南财经政法大学财税研究所，湖北财政与发展研究中心编．—北京：经济科学出版社，2020．11

ISBN 978－7－5218－2057－7

Ⅰ．①财…　Ⅱ．①中…②湖…　Ⅲ．①经济－文集
Ⅳ．①F－53

中国版本图书馆 CIP 数据核字（2020）第 219823 号

责任编辑：刘殿和
责任校对：郑淑艳
责任印制：李　鹏　范　艳

财政经济评论

2020 年·上卷

中南财经政法大学财税研究所
湖北财政与发展研究中心　编

经济科学出版社出版、发行　新华书店经销

社址：北京市海淀区阜成路甲 28 号　邮编：100142

总编部电话：010－88191217　发行部电话：010－88191522

网址：www.esp.com.cn

电子邮箱：esp@esp.com.cn

天猫网店：经济科学出版社旗舰店

网址：http://jjkxcbs.tmall.com

北京密兴印刷有限公司印装

787×1092　16 开　10.25 印张　200000 字

2020 年 11 月第 1 版　2020 年 11 月第 1 次印刷

ISBN 978－7－5218－2057－7　定价：31.00 元

（图书出现印装问题，本社负责调换。电话：010－88191510）

財政經濟評論

Review on Public Finance & Economics

目　　录

Contents

过渡的年代：中国财政学在1978～1992*

马 珺

摘 要：1978～1992年的中国财政学处于一个过渡时期，向市场经济转轨的经济体制改革为财政学转型提供了巨大动力。在各种思想的交锋中，计划经济年代建立起来的主流财政学受到挑战，西方财政学的影响力逐渐恢复，试图融合中国传统财政理论与西方财政思想的新财政学正在兴起。

关键词：中国财政学；竞争性财政理论；转型

20世纪50年代末60年代初，由于苏联财政理论在中国的水土不服，促使中国学者思考走自己的路，形成了以"国家分配论"为代表的中国特色社会主义财政学体系。但在此后的若干年里，国家经受了各种冲击，经济和社会发展都受到严重影响。特别是十年"文化大革命"，使党、国家和人民遭受新中国成立以来最严重的挫折和损失。除了经济困顿、社会失序，更重要的是，思想文化发展遭到重创。

改革开放以后，中国国家建设的思路从以阶级斗争为纲，转向以经济建设为中心，经济发展模式从社会主义计划经济向有中国特色的社会主义市场经济转型。与此同时，与计划经济体制相适应的传统财政学遭到挑战，各种财政理论的交锋拉开了向与市场经济相适应的财政学转型的序幕。本文围绕1978～1992年中国财政学发生的变化，回顾了中国财政学转型前夜的一系列历史事件，阐明了当时中国财政学发展的过渡性特征。

一、经济体制变革：朝向社会主义市场经济的探索

（一）渐进改革

20世纪80年代的改革是一个"干中学"的过程，是"摸着石头过河"

---

* 本文由笔者根据《新中国财政基础理论70年》（中国财政经济出版社2020年版）第5章改写而成。

基金项目：国家社会科学基金重大项目"公共经济学理论体系创新研究"（14ZDB121）；中国社会科学院创新工程A类项目"加快建立现代财政制度研究（2018－2022）"。

的过程，尽管计划经济体制遭到了否定，但关于未来的目标尚不清晰。同时，这一时期也是新中国成立以来理论界和政策界互信、互动尤为顺畅的年代。虽然传统的政治经济学仍然占据话语主流，但并未妨碍双轨制理论、过渡经济学、商品经济等相关实践和讨论如火如荼地展开，后者直接影响了改革的方向和进程，在朝向市场经济的摸索阶段，中国选择了“渐进”而非“激进”的改革道路。

经济改革是改革开放的重头戏。计划经济体制一时间难以打破，改革就从“增量改革”和“放权让利”开始。所谓“增量改革”，就是在不触动既得利益格局的基础上，开辟改革领域的新空间。譬如，城市改革难度大，就先进行农村改革；国有经济改革困难多，就先进行非国有经济改革；旧的刚性价格制度改不了，就创造新的自由价格市场。一旦后者力量壮大，便可以逐渐取代前者。先易后难，使改革形成从外围向中心推进之势。所谓“放权让利”，即通过向地方和微观经济主体放权，调动后者发展经济的活力和积极性。在农村实施家庭联产承包责任制的成功，启发了城市改革的思路。实施家庭联产承包责任制是在不改变城乡二元结构、户籍制度和土地所有权制度的前提下，通过农村土地的家庭承包经营，唤醒了农民的经营积极性，提高了农产品产量。在接下来的城市经济体制改革中，也引入了承包制理念，以此调整计划经济体制下国家与企业、中央与地方的关系。

（二）企业承包制

1984年以后，中国经济体制改革的重心由农村和非国有经济向城市和国有经济转移。同年党的十二届三中全会出台《中共中央关于经济体制改革的决定》，提出“建立有计划的商品经济”，改革目标要以企业改革为中心。

在计划经济体制下，国有企业是国家的预算单位，企业没有任何经济自主权，企业的生产计划国家统一下达，所需要的生产资料由国家统一调拨，企业生产的产品由国家统购包销，企业的财务是国家统收统支[①]。企业就是一个大社会，除了日常生产经营，其业务范围无所不包，从幼儿园、学校，到食堂、养老院，职工生老病死都在企业掌管之中，正是因为这样，企业也无须对盈亏负责。

国家与企业分配关系的调整，是从减税让利、扩大自主权开始的。在这个过程中，一度尝试以税收作为调节国家与企业关系的主要手段，但是由于计划经济体制的框架没有根本打破，税收运行缺乏法治化的基础，尽管先后实施了两步“利改税”，但国家与企业的分配关系最终还是回到了企业经营承包制。

① 刘克崮，贾康．中国财税改革三十年：亲历与回顾［M］．北京：经济科学出版社，2008：51.

"国家和企业承包，即每个企业跟政府签订承包合同，在承包合同上规定交多少税。"①

（三）财政包干制

同样地，在改革开放之前，为了集中全国人力、物力、财力进行工业化建设，中国也形成了一套统收统支、高度集中统一的财政管理体制。在这一体制下，地方缺乏收入和支出的自主权。地方组织的收入越多，上缴中央的也越多，存在"鞭打快牛"现象，导致平均主义盛行；在支出方面，向中央要求的越多，得到的也越多，即"会哭的孩子有奶吃"。地方既没有收支权限，也不对经济发展的失误负责。这种一锅吃饭、一口决策的体制，极大地遏制了地方发展经济和自我负责的积极性。经过在江苏等地的试点，从 1980 年开始，财政包干制在全国实施。地方财政包干的具体做法取决于中央与地方一对一的谈判，因此各省份之间的包干方式并不完全相同。

社会主义公有制在中国是以计划经济形式体现的，计划经济的特征即以行政力量作为配置资源的主要手段。在旧体制下，国家通过财政把各种资源"统"起来，而一旦"放权让利"，最先触动的就是"财政"利益。"放权让利"的改革实施一段时间之后，虽然在调动地方和企业的积极性上起到重要作用，但也导致财政收入，特别是中央财政收入的剧减。20 世纪 80 年代中期之后，财政赤字上升很快，债务压力增大，中央政府的宏观调控能力越来越弱。中央意识到，改革不能止于放权让利，应当寻求基于制度变革的新方向。

（四）市场经济改革方向渐趋明朗

计划经济不承认市场和商品经济的作用。多少年来，在中国人的观念中，市场、商品经济就是和资本主义联系在一起的。1981 年中国共产党十一届六中全会决议（即《关于建国以来党的若干历史问题的决议》），确认了社会主义社会存在着商品生产和商品交换，因而要考虑价值规律，此举解放了思想，取缔了研究禁区。意识形态禁锢的解除，鼓励经济学家们开始对"商品经济"概念展开认真的研究。此后，学术界对市场和商品经济的认识经过了以下几个阶段：

一是 1982 年党的十二大决议提出"计划经济为主，市场调节为辅"。在这一阶段，官方虽然认可了"市场"的调节作用，但作为一种经济运行机制

① 许善达. 许善达谈财税改革 30 年：从财政包干到分税制［N］. 第一财经日报，2008－08－18.

的“市场经济”，并没有得到承认。

二是1984年10月党的十二届三中全会《中共中央关于经济体制改革的决定》指出，“社会主义计划经济必须自觉依据和运用价值规律，是在公有制基础上的有计划的商品经济”。这既肯定了社会主义能够利用价值规律、利用市场，也认可了商品经济与社会主义计划之间的相容性。这表明当时的主流话语环境尚未挣脱旧观念的束缚，“计划”“计划经济”仍然被看作是“社会主义”的特征而不容全面否定。

三是1987年党的十三大系统阐述了社会主义初级阶段理论。提出要“发展有计划的商品经济，建立市场体系”“国家调控市场，市场引导企业”，把改革推向新的阶段。党的十三大报告指出，社会主义初级阶段包括两层含义：第一，我国社会已经是社会主义社会；第二，我国的社会主义还处在初级阶段。社会主义初级阶段的主要矛盾是“人民群众日益增长的物质文化需要同落后的社会生产之间的矛盾”。要解决该阶段的主要矛盾，必须大力发展商品经济，提高劳动生产率，逐步实现工业、农业、国防和科学技术四个现代化；必须以经济建设为中心，坚持四项基本原则，坚持改革开放，把中国建设成为富强、民主、文明的社会主义现代化国家。至此，才真正为承认社会主义与市场机制的相容性扫清了道路。

四是1992年邓小平同志南方谈话，一锤定音，确立社会主义市场经济作为改革方向。在此之前，虽然市场化改革逐步深化，但改革总体上是“摸着石头过河”。由于经济体制改革的市场经济取向不够明朗，无论是国家与企业的关系，还是中央与地方的关系，都只能局限在旧的计划经济框架里做文章，没有突破旧的体制框架。

在整个国家朝着市场经济方向摸索的过程中，国家在经济体系中应扮演何种角色，国家与市场、企业、个人及社会的关系如何，这些困惑也反映到同一时期的财政基础理论和财政学重建的相关讨论之中。当时财政理论界最重要的争论是，在新的时代背景下，与计划经济体制下的国家职能相适应的“国家分配论”还能成立吗？

二、“国家分配论”再遇挑战

回过头来看，当时经济体制改革的重心，是处理好社会主义的国家（或政府）与市场的关系。然而基于特定的历史背景，人们对于国家（或政府）与市场关系的不同意见，仍然是通过挑战“国家分配论”所蕴含的全能政府观来实现的。

（一）两次重要的财政学术会议

1. “佛山会议”——改革开放后首次全国性财政理论讨论会

1976 年以后，随着国家政治经济生活走上正轨，中断了多年的财政理论研究终于得以延续。继 1964 年、1965 年的两次全国财政理论讨论会之后，1979 年 12 月 27 日 ~ 1980 年 1 月 7 日，财政部组织的第三次全国财政理论讨论会（以下简称“佛山会议”）在广东省佛山市召开。在这次会议上，中国财政学会和中国会计学会正式成立[①]。由于佛山会议是 1976 年以后由官方举办的首次全国性财政学术会议，参会的各界代表达 360 余人，提交论文 160 余篇。会议集中讨论了三个方面的问题：（1）财政在国民经济中的地位和职能作用问题；（2）财政在国民经济平衡中的地位和作用问题；（3）财政管理体制和财务管理体制改革问题[②]。可以看出，第一个问题仍然是最根本的。

探讨财政在国民经济中的地位和职能作用问题，就不能不涉及财政与国家的关系。自 1964 年第一次全国财政理论讨论会以来，多数意见认为，财政与国家具有本质联系，财政是以国家为主体进行的社会产品的分配。在这次会议提交的论文中，少数学者提出了“再生产决定论”，认为在私有制社会里，财政是国家机器单纯为了维持其存在而占有一部分社会产品的工具，所以，离开了国家，财政就无从谈起。但是，在社会主义生产资料公有制条件下，财政分配已经成为社会主义再生产过程内在的不可缺少的环节，国家不过是代表社会来执行这种分配职能罢了。国家将来是要消亡的，但社会再生产不会停止。因此认为，社会主义财政的存在并不是以国家的存在为前提，而是以生产资料全民所有制的社会主义再生产的客观存在为前提，并主张“要从以国家为前提转移到以社会再生产为前提来建立社会主义财政学理论体系”。[③]

2. 厦门会议——改革开放后首次全国性财政基础理论讨论会

佛山会议只是更重要的财政基础理论讨论会的前奏。1982 年 11 月 12 ~ 22 日，厦门大学招待所三楼会议室，由中国社会科学院财贸物资经济研究所发起并主持的财政基础理论讨论会（以下简称“厦门会议”）在这里召开。这

---

① 成立日期是 1980 年 1 月 1 日。

② 财政部财政科学研究所．第三次全国财政理论讨论会文选［C］．北京：中国财政经济出版社，1980：8．

③ 侯梦蟾．必须把社会主义财政放到再生产中来研究［A］．财政部财政科学研究所．第三次全国财政理论讨论会文选［C］．北京：中国财政经济出版社，1980：220 - 237．

次会议上，全国各地到会的有老中青三代财政学者①。这次会议适逢中国共产党第十二次全国代表大会②召开之后不久，邓小平正式提出了“建设有中国特色的社会主义”的新命题，胡耀邦代表第十一届中央委员会向大会作了《全面开创社会主义现代化建设的新局面》的报告。

此时，经历10余年的停滞，社会主义财政学正急待恢复、重建和续写。基于这一背景，厦门会议主办方之一、中国社会科学院财贸所王绍飞研究员在会议上发表了题为《努力开创财政科学研究的新局面》的主旨发言。会议主要讨论两个问题：一是财政在国民经济中的地位和作用；二是如何组织各方面的研究力量，同心协力开创新局面，把财政科学研究推进到一个新的水平。③

在厦门会议上，王绍光在发言中讲到④，过去认为“在社会科学领域只有资产阶级和无产阶级两派，学术理论只有马列主义和反马列主义的区别，在马列主义内部没有不同的流派”，实践证明这种看法不符合客观事实。在社会科学中，只要不违反四项基本原则，不违反马列主义基本原理，就要按百家争鸣的方针进行友好探讨，一个观点的正误应由历史去检验，否则就会陷入僵死的教条主义，不利于马列主义的发展。在这个意义上，财政学中的不同流派互相促进，取长补短，深入研究，完善自身，是高度文明、民主的社会所允许和要求的。

有了这样一个认识上的定位，厦门会议上的各派随后对各自的观点进行了完善，形成著名的“社会共同需要论”“剩余产品决定论”“再生产决定论”，成为挑战“国家分配论”的主力军。

（二）几种竞争性的理论

要讨论“财政在国民经济中的地位和作用”，不可避免地要涉及财政的本质和财政关系的起源，因此，王绍光认为讨论财政的本质与起源问题，在当时来讲“具有重要的现实意义”。厦门会议上，王绍光、何振一和侯梦蟾分别就“剩余产品论”“共同需要论”“再生产决定论”阐述了以下观点。

---

① 会议正式参会人员46人，包括中国社会科学院财贸所赵效民、王绍飞、何振一、李茂生、周子明等学者；财政部科研所许毅所长；中国人民大学陈共、侯梦蟾；上海财经学院苏挺；吉林省财政厅宁学平；中央财金学院罗彤；厦门大学财政系副主任邓子基及其他厦门大学师生。

② 中国共产党第十二次全国代表大会于1982年9月1~11日在北京召开。

③ 厦门大学经济学院财政金融系编．全国财政基本理论讨论会发言汇集［Z］．打印稿，1982：3.

④ 厦门大学经济学院财政金融系编．全国财政基本理论讨论会发言汇集［Z］．打印稿，1982：10－11.

1. 社会共同需要论[①]

简单地说，“社会共同需要论”所回答的还是财政与国家的关系问题。何振一研究员[②]在接受记者采访时说过，最初他也是国家分配论的信奉者，但是在思考过程中他发现，如果承认财政的产生取决于国家，那么就等于说上层建筑（国家）决定经济基础（财政），何振一认为“这与马克思主义唯物史观是不相符合的”。基于此，他开始注意考古学、人类学等学科的相关研究。他发现，在国家产生以前的原始社会，“从社会总体的观点来看，社会劳动已分为两个部分，一部分用来满足氏族成员个人消费需要，一部分用来满足社会共同需要，或社会一般需要”，后者就是萌芽形态的财政。国家产生之后，原始形态的财政才转变为国家财政形态。因此在他看来，国家分配论认为财政只与国家的分配行为有关，是无法令人信服的。

从最初产生这一想法，笔者的观点一直在不断完善之中，直到其完全成熟并通过《理论财政学》[③] 一书得以全面展现。在这本书中，何振一指出，财政就其一般性质而言，是由于人类社会生产的发展，出现了剩余产品和剩余劳动之后，发生了社会共同需要而产生的。它的实质是人们为了满足共同需要而对社会剩余产品进行分配所发生的分配关系。

“社会共同需要论”在财政的起源、财政与国家之间的关系、财政的本质等方面，都与“国家分配论”的主张不同。并由这些差异，进一步产生了在财政职能、财政范围等问题上与“国家分配论”的分歧。在改革开放以前多年的传统中，人们已经习惯了将“国家”“强制”“剥削”等词语与财政相联系，“社会共同需要论”的提出令人耳目一新，也与当时有弱化国家权力需求的时代背景吻合，故一时间拥趸甚众，获得了不少支持。

然而在当时的舆论环境下，何振一不得不就新理论的“阶级站位”问题进行说明。他认为，他对于财政本质的看法具有一般性，能够解释人类社会全部历史阶段中财政与国家的关系。在前国家阶段，以及国家消亡之后，财政是为满足社会共同需要而存在的；但是，在国家产生之后直到消亡的历史时段中，剥削阶级是社会的主人，是社会的代表，被剥削阶级在社会中失去了地位，从而社会共同需要的性质也发生了根本变化，只是维持剥削阶级社会统治和发展的需要。因此，在阶级社会，“社会共同需要论”与“国家分配论”并不矛盾，前者代表了财政理论“一般”，后者代表了阶级社会下财政理论的“特殊”。笔者认为，这里可能存在一个逻辑矛盾，如果说在阶级社会里统治

---

① 最初是在1982年厦门会议上由何振一首提，当时称作“共同需要论”。

② 李成刚，何振一．财政学社会共同需要论学派的创立［N］．中国经济时报，2014－11－26（9）．

③ 何振一．理论财政学［M］．北京：中国财政经济出版社，1987．

阶级的需要取代了社会共同需要，那么到底什么是社会共同需要呢？社会共同需要在阶级社会还存在吗？为了不放弃阶级论，同时也为了使社会共同需要论更具一般性，便将国家分配论作为一个阶段性的理论纳入共同需要论，这种处理方式是否显得有点牵强？

2. 剩余产品决定论

20 世纪 60 年代以及“文化大革命”期间，“剩余产品价值运动论”的提出者王绍飞研究员曾受到不公正的对待。获得平反之后，他在健康受损的情况下，依然争分夺秒地投入到《财政学新论》[①]（下文简称《新论》）的创作中，终于完成了他自 20 世纪 50 年代以来就主张的剩余产品价值运动论的总结和改进。

“剩余产品决定论”在很多方面与“社会共同需要论”有相似之处。首先，他们都认为财政的起源不必和国家直接有关。其次，他们都认为财政分配的只能是社会剩余产品的一部分。不同的是，“剩余产品决定论”认为，随着人类社会生产力的发展出现了剩余产品，剩余产品是社会共同需要的起源，财政关系则起源于依靠剩余产品来满足的社会需要的经济内容和分配形式，其推理中包含了一个由“剩余产品”出现而带动“社会需要”满足的过程，财政是为了将社会需要及其供给匹配起来的工具而产生的；而“社会共同需要论”直接将社会的共同需要作为财政的起源，认为即使不存在社会剩余产品，社会共同需要也是存在的。

剩余产品决定论最直接的现实含义是，它对与计划经济相适应的高度集权和大一统财政提出了否定。在国内理论界，它第一次明确地提出，要从收入和支出两方面限制财政分配，为财政收入和支出设置客观界限。在收入一端，《新论》明确提出了“剩余产品在国民收入结构中的比重是规定财政收入数量的客观界限”这一原则，进而指出，要在剩余产品（M）总量这个界限内，通过正确处理国家、集体和个人三方面的关系，来确定一定时期的财政收入。在支出一端，《新论》不仅指出其数量界限是由从 M 总量中可能集中的财政收入总量决定的，而且根据马克思社会再生产原理，分层次地阐述了各种财政支出（诸如积累性支出和消费性支出的数量界限）[②]。此外，《新论》还全面系统地论述了财政效果、财政管理体制、财政发展战略目标等问题。可惜的是天不假年，王绍飞先生因病过早离世，我们也无缘看到剩余产品决定论的后续发展。[③]

---

① 王绍飞. 财政学新论［M］. 北京：中国财政经济出版社，1984.

② 王绍飞. 财政学新论［M］. 北京：中国财政经济出版社，1984：123－154.

③《财政学新论》一书的成书背景，参见王绍飞. 财政学新论［M］. 北京：中国财政经济出版社，1984：269－270.

3. 再生产前提论（或再生产决定论）

中国人民大学的侯梦蟾教授，曾在大连会议上提出“再生产决定论”，他在厦门会议上介绍了再生产决定论形成的起因，提出“应从再生产角度，而不应从国家为主体的角度，来解释社会主义财政，它是‘社会主义再生产决定论’‘前提论’”。[①] 感兴趣的读者还可参考侯梦蟾《关于社会主义财政以再生产为前提的几个问题》一文[②]。陈共教授则更深入地阐述了再生产前提论的主要观点。他认为，财政的起源与国家有密切联系，在这一点上，并没有完全否定国家分配论。但是他并不同意财政是由国家权力决定的，只赞同财政在起源上与国家有密切联系，二者是伴生关系。[③] 在再生产前提论看来，财政虽然是一种分配关系，但这种分配关系是寓于社会再生产过程之中的。即使没有国家，只要存在社会再生产，这种分配关系就是存在的。[④]

在国家理论上，“社会共同需要论”和“剩余产品决定论”都与国家分配论有不同看法，认为不能将国家作为财政的起源，从根本上否定了国家分配论。而再生产前提论，总体上还是以国家分配论为基础，承认国家与财政之间有着紧密联系，但这种紧密联系并不是国家分配论所认为的决定与被决定的关系。

总体来看，整个20世纪80年代的重大理论探讨，看上去仍然是20世纪五六十年代财政本质理论争论的延续。只不过，是在新的历史条件下的新的对话。相比之下，自觉的、前瞻性的财政理论建设显得相对滞后，我们能够看到的理论创新，几乎都是在传统政治经济学和财政学框架之内的有限度的创新。

（三）新时期财政理论的重建

1964年召开的大连会议上，“剩余产品价值运动论”等与主流“国家分配论”不同的论点成为众矢之的，而这一次，与大连会议不同的是，从前非主流的财政理论以及后来新生的财政理论齐齐质疑“国家分配论”。尽管会议是在“国家分配论”者邓子基教授的“地盘”上举办的，他还是感受到了巨大的压力[⑤]，以至于在会上他用“捅刀子”这样的词语来形容自己的感受。[⑥] 作

---

① 厦门大学经济学院财政金融系编．全国财政基本理论讨论会发言汇集［Z］．打印稿，1982：50-52.

② 侯梦蟾．关于社会主义财政以再生产为前提的几个问题［J］．财贸经济，1983（5）.

③ 厦门大学经济学院财政金融系编．全国财政基本理论讨论会发言汇集［Z］．打印稿，1982：69-70.

④ 陈共．论以再生产为前提建立社会主义财政学［J］．财政研究，1982（3）.

⑤ 钟岷源．教授邓子基的两件礼物［J］．人物，2008（1）.

⑥ 厦门大学经济学院财政金融系编．全国财政基本理论讨论会发言汇集［Z］．打印稿，1982：40.

为国家分配论的代表人物，邓子基对其他学派的批评作出了回应。他认为，其他各派的立论从不同的侧面来讲都有一定的道理，国家分配论过去也讲过这些侧面的内容，大家只是“立论”不同而已。

针对这一现象，王绍光认为，“理论上有不同的看法，每一种观点都有一定的理论和实践依据，同时，也都尚未自成体系，需要进一步深入和发展”。针对当时财政学研究的现状，王绍飞指出，“到目前为止，我们的财政学还没有形成较为完整的理论体系：一部分是重复政治经济学教科书的内容；一部分是类似部门工作总结，没有揭示出财政过程的规律性”。[①] 社会主义财政学应该怎样发展、教材怎么写，是摆在当时财政学界的重大理论问题。

许毅也倡导参会专家把自己的观点丰富起来，形成著作出版，以供学界同行批评和深入讨论[②]。会后，各派的观点相继通过专著得以呈现，它们共同创造了20世纪80年代财政理论百家争鸣的盛况。这些研究成果包括：

《财政学新论》（王绍飞，1984）、《财政学》（许毅、陈宝森编，1984）、《财政学教程》（陈共，1985）、《理论财政学》（何振一，1987）、《改革财政学》（王绍飞，1989）、《财政学原理》（邓子基，1989）。

在这期间，一些没有参加会议的作者也加入了这一讨论，并相继推出各自的财政学论著或教材，其中主要有：

《社会主义财政学简明教程》（刘明远主编，1985）、《财政学原论》（许廷星等，1986）、《财政学概论》（王亘坚主编，1986）、《财政理论探新》（王亘坚、梁尚敏主编，1986）、《社会主义财政学》（赵春新、王珺编著，1986）、《社会主义财政学》（许廷星、陈显昭主编，1987）、《财政学》（何盛明、梁尚敏编，1987）。

当然，争论归争论，在“姓资”还是“姓社”仍然事关重大的当时，想要扭转“国家分配论”的主流地位并不容易。经过这次讨论，尽管竞争性思想获得了更多欢迎，但“国家分配论”在主流话语系统和学术体系中的位置并未被撼动。

作为主流财政理论“国家分配论”的重镇，与其他院校财政学科相比，厦门大学的财政经济专业，在20世纪50年代大学院系调整后得以相对完整地

① 厦门大学经济学院财政金融系编．全国财政基本理论讨论会发言汇集［Z］．打印稿，1982：8.

② 在会议发言中，他说，“学术讨论要总结自己观点，要有自己的流派，不要怕批评……有学派可以探讨。我们30多年来，水平也不低了，要拿出来，不然接力棒就接不上了。……现在中国有好几派，只有邓子基有一本书，要大家都拿出来，要拿出来亮相（有人插话，人大出了一本。陈共同志说，那是专著，不算。邓子基说，许老也要出一本厚书了）。有专著就好，侯梦蟾同志的‘再生产决定论’讲过了，这是立了一大功。何振一同志也要拿出来，要有头有脚，我们才好品头评足……”参见厦门大学经济学院财政金融系编．全国财政基本理论讨论会发言汇集［Z］．打印稿，1982：16－17.

保存了下来。因此，厦门大学在"文化大革命"后能够相对较快地恢复教学科研秩序，在全国财政理论研究中占据了优势。厦门大学经济系财政金融教研室编写的《社会主义财政理论》[①] 成为当时为数不多的教科书之一，为与会学者研讨提供了参照对象。

就在这次会议之后，主张或支持国家分配论的学者，如邓子基、刘明远等人，共同编写和出版了财政部统编试用教材《社会主义财政学》[②]，这是改革开放后我国第一本多校合作编写的社会主义财政学教科书。其后该书又进行了几次修订再版，印刷 11 次，累计发行达 32 万多册，成为我国广大高校使用的主要的社会主义财政学教材。多年后，主张"公共财政论"的张馨教授在回顾前人的成就时，认为"它奠定了财政学教科书的基本框架，其后不同版本的社会主义财政学教科书，也大都脱胎于此书，因而该书对于社会主义财政学教材建设起到了开创性作用"。由此该书获得了 1987 年国家教委颁发的"全国优秀教材奖"[③]。

三、财政学由传统向现代转型

（一）西方财政理论的引入

在计划经济年代，罕见的关于西方财政的介绍之作，都是用来供内部参阅和学术批判使用的。而 20 世纪 80 年代以来对西方财政理论的引入，则是出于立足世界、洋为中用的目的，不再是全面拒斥的态度。

庇古所著的《财政学研究》[④]、俄尔森所著的《财政学》[⑤] 和埃克斯坦所著的《公共财政学》[⑥] 应为改革开放后较早被介绍过来的教科书。邓子基教授 80 年代初期也着手美国财政学家马斯格雷夫夫妇《美国财政理论与实践》[⑦] 一书的翻译工作，该书于 1987 年出版。此外，还有陈秉良所译《日本现代财政学》[⑧]、

---

① 厦门大学经济系财政金融教研室．社会主义财政理论［M］．北京：人民出版社，1978．

② 《社会主义财政学》编写组．社会主义财政学［M］．北京：中国财政经济出版社，1980．

③ 张馨．邓子基教授与我国财政学［J］．福建学刊，1988（4）．

④ ［英］A·C．庇古．财政学研究：上、下［M］．马大英，译．辽宁：辽宁财贸学院出版社，1979．

⑤ ［美］夏葡·俄尔森．财政学：上、下［M］．彭澄，译．武汉：湖北财经学院出版社，1983．

⑥ ［美］阿图·埃克斯坦．公共财政学［M］．张愚山，译．北京：中国财政经济出版社，1983．

⑦ ［美］穆斯格雷夫等．美国财政理论与实践［M］．邓子基，等编译．北京：中国财政经济出版社，1987．

⑧ ［日］井手文雄．日本现代财政学［M］．陈秉良，译．北京：中国财政经济出版社，1990．

张淳所译《欧美财政思想史》①，以及少量的中国学者介绍西方财政理论的著作问世②~⑥。邓子基等主编的《比较财政学》⑦，则对中国、苏东和英、美、法、（西）德、日等主要资本主义国家进行了对比。总的来说，20世纪80年代到90年代初，关于西方财政理论的介绍，总量上并不丰富。

虽然学界对待西方财政理论的态度相比此前大为友好，但整个国内财政学界尚没有完全接纳西方财政理论。从“莫干山会议”和“巴山轮会议”的主要参加者可以看出，中国的参会人员以政府及其学术机构（如中国体制改革研究会和中国社科院）的学者或官员为主，当时中国经济学的学院派还没有形成⑧。但是通过与外部世界的接触，中国学人，特别是新生一代经济学人已经对中外经济学的区别有了深刻认识，国际组织的专家学者、一些华裔学者、港台学者也都尽其所能地帮助中国学生学者走出国门，以实现中国经济学教育的转型。在“巴山轮会议”上，就产生了国家教委（教育部）指定财经类核心教材的设想，其中包括后来由陈共先生领衔写成的《财政学》。

（二）经济体制转轨前期的中国财政学

如果以1992年为界，将中国向市场经济转轨的过程分为前后两大阶段，那么，转轨前期（1978～1992年）中国的财政学界仍然是相当传统的，计划经济时代的特色还十分浓厚。

这一现象表明，第一，改革开放初期的财政学者，在进行学术研究的同时，对自己可能与过去主流观点不同的学术观点，不得不进行意识形态合法性的自我辩护。短时间内，人们很难从过去的思维及行为模式中走出。在很大程度上，“学界只是对西方经济学的分析方法不再排斥，远远没有完全接纳，更没有学会其中的逻辑分析和经验实证方法，争论不是靠摆事实讲道理，停留在概念争辩的层次上，一不小心就滑到了意识形态之争”。⑨

第二，财政学界虽然产生了想要从苏联社会主义政治经济学的束缚之下挣脱出来的愿望，但是由于尚未找到新的理论支撑，那个时代的财政分析仍然只能在旧的话语体系下来进行。无论是学术术语、学术话题、学术分析的逻辑，

---

① ［日］坂入长太郎. 欧美财政思想史［M］. 张淳，译. 北京：中国财政经济出版社，1987.

② 薛天栋. 现代西方财政学［M］. 上海：上海人民出版社，1983.

③ 彭澄，倪平松. 外国财政［M］. 大连：东北财经大学出版社，1987.

④ 刘永桢. 资本主义财政学［M］. 大连：东北财经大学出版社，1988.

⑤ 李建昌，高培勇. 当代美国财税教程［M］. 北京：世界知识出版社，1988.

⑥ 陈宝森. 美国经济与政府政策：从罗斯福到里根［M］. 北京：世界知识出版社，1988.

⑦ 邓子基等. 比较财政学［M］. 北京：中国财政经济出版社，1987.

⑧ 张军. 改变中国：经济学家的改革记述［M］. 上海：上海人民出版社，2019：110.

⑨ 林毅夫，胡书东. 中国经济学百年回顾［J］. 经济学（季刊），2001，1（1）：3－18.

还是学术群体的构成，与改革开放之前相比都没有根本性的变化，所有变化几乎都来源于且紧紧追随党和政府的各种“决议”或“决定”中的新提法。

（三）主流财政学教材的新变化

改革开放后，西方经济学重新进入而引发的中国经济学生态的变化，也对财政学的发展渐渐发挥影响。到20世纪80年代中期，西方经济学在中国已经有了越来越高的接受度。从民间来讲，有一些致力于传播西方经济学的人士和机构一直在活动；从官方看，最高领导层多次会见国外经济学家，向海外经济学家咨询中国经济问题，接受世界银行等国际组织提供的咨询服务，这些变化，使得“西方经济学”原来被赋予的政治色彩和意识形态开始淡化，并逐渐为“现代经济学”一词所取代。

1987年世界银行赞助一批经济学家访问中国，研究了中国的经济学课程，指出经济学教科书和相关课程设置的不足，并提出改革中国经济学教育的建议。原国家教育委员会采纳了其中的一些意见，批准在中国设立更多的现代经济学课程，并专门成立一个专家委员会，编写新的教学大纲和教科书。这些教科书要求结合现代经济学和中国实践，这就是“高等学校财经类专业核心课程”的由来，其中就包含《财政学》这门课[①]。后经招标，中国人民大学陈共教授承担了《财政学》教学大纲和教材的编写任务，新教材于1994年发布第一版[②]，至今已更新到第九版。

教学大纲和新教材在很大程度上引入了西方新古典财政理论的成就，但根据国家教委（教育部）的要求，新大纲和教材的编写应遵循如下指导思想：一是要“以马克思主义立场、观点和方法为指导，贯彻理论联系实际的原则，反映和体现中国特色”；二是要“注重本学科基本理论、基本知识和基本技能的训练”；三是要“吸收本学科最新的比较成熟的研究成果，反映学科发展方向，体现改革精神”；四是要“适应不同的财经类专业的教学需要，起点、分量适中”。[③]

陈共先生曾撰文说明他是如何在借鉴西方财政理论与坚持马克思主义立场、观点和方法上求得平衡的。

第一，坚持以马克思主义的劳动价值学说和再生产理论为该书的理论和制度前提，以马克思辩证唯物主义为基本分析方法。他认为，在社会科学研究

① 包括微观经济学、宏观经济学、统计学、会计学、财政学、货币银行学、发展经济学、国际贸易等。

② 陈共．财政学［M］．成都：四川人民出版社，1994.

③ 国家教委高教司对编写核心课程教学大纲的指导思想有明确的要求，参见陈共．关于《财政学》建设的若干构想［J］．财政研究，1991（6）：56－62.

中，唯物辩证法体现“一套从现象到本质、从具体到抽象地研究事物，再由本质到现象、由抽象到具体地描述事物的方法论体系”。马克思主义的科学研究方法的具体化，就是“规范分析和实证分析的统一”。

第二，大纲和教材在内容上仍然分为两大部分，一是财政理论，二是财政业务。由于政治经济学是财政学的理论基础，而财政学是前者的应用，因此财政理论包括政治经济学理论和财政基础理论两部分。政治经济学理论，比如“关于有计划商品经济的取向、国有企业的产权关系及其实现形式、社会主义国家政府的经济职能、社会主义分配理论以及公平与效率的结合等”；而财政基础理论，涉及“财政的概念、财政的起源、财政的本质和职能、财政在社会再生产中的地位和作用等”。

第三，大纲和教材仍然采用当时正在沿用的“收、支、管、平”体系。在财政基础理论上，坚持了“国家分配论”和“再生产论”的观点，但也吸收了其他观点的有关内容，比如，将满足社会共同需要作为财政分配的目的。编者将“满足社会共同需要”界定为“实现国家职能的需要，也是再生产之必需”，因此，吸收其他观点，与编者的理论立场并不矛盾。

第四，大纲和教材也吸收了西方财政理论的发展成果，一是吸收其定量分析方法，书中“运用了简单的定量分析方法，如回归分析、成本效益分析、边际效益分析和矩阵方程等”，但全书仍以定性分析为主。二是吸收了西方财政学关于财政职能的表述方法，将财政职能归结为调节分配关系、资源配置、经济的稳定和增长三种职能。但强调这种吸收“去其内容而取其形式”，原因在于这种表述“有利于从再生产出发，充分表达有计划商品经济制度下财政的职能”。三是吸收了一些社会主义有计划商品经济阶段产生的新问题，比如，在财政支出篇中，增添了社会保障支出和财政补贴分析；将国家信用和国债作为重要的范畴进行全面分析与介绍；在财政平衡以外，增添了财政宏观调控和财政政策的一般原理。

从这本财经类专业核心教材来看，当时的财政学研究正处于由传统财政理论向市场经济下财政理论的过渡时期。以核心课程的建设为起点，与市场经济相适应的西方财政理论一步步成为财政学研究的主导范式。理论转型最直接的推动力，则来自1992年邓小平同志南方谈话之后中国社会主义市场经济体制的建立和完善。

四、小结

1978～1992年的改革举措，实质是尝试在国家、企业、市场之间划出合理边界。此时的财政改革还处在“放权让利”阶段，真正的财政制度转型尚未发生，牵动财政学最核心的问题，仍然是改革开放之前的“财政本质”问题。学术界透过这一主题的讨论，回应经济体制改革实践对财政理论提出来的新要求。

这一时期中国财政学理论的发展是小心谨慎的，由于整个国家刚从一个特殊的年代中走出来。十年的教育断档使我们民族的学术失去了一代传承者，以至于在历史的车轮向前行进时，缺少思想上的新鲜血液来补充。从而造成当时中国财政学界有一个突出的特点，那就是，一群活跃在 20 世纪五六十年代的学者，带着过去的记忆，讨论 80 年代及以后财政学的发展。因此，在很大程度上，80 年代财政理论的进展是依靠老一代学者的自我革命来实现的。

1978 ~ 1992 年是中国从计划经济向市场经济过渡的早期，主流社会思想正处于朝向新的改革方向的探索期。中国财政理论的发展也不例外，新理论借助于旧理论，在与旧理论的竞争中发展自己。当时的财政理论讨论，无论是研究主题、研究方式，还是研究群体的构成，都有很强烈的五六十年代的痕迹。这导致当时主流财政理论界提出的新的社会主义财政学理论框架，仍然穿着旧传统的外衣。

作者单位：中国社会科学院财经战略研究院

The Age of Transition：Public Finance Theory in China (1978 ~ 1992)

Ma Jun

Abstract：The year between 1978 and 1992 witnessed a transition of public finance theory in China. The economic system reform of this period provided a huge driving force for the transformation of public finance theory. In the confrontation of various theoretical thoughts, the mainstream public finance theory established in past planned economy era was challenged, the influence of western public finance theory gradually recovered, and the new public finance theory which tried to integrate the traditional Chinese public finance theory with its western counterparts was emerging.

Key words：Theory of Public Finance in China；Competitive Public Finance Theories；Transformation

公共卫生应急管理评价体系研究的进展

邹梦琪　胡　其　李雪娣

摘　要： 新型冠状病毒肺炎（以下简称“新冠肺炎”）在全球暴发，引爆了重大的公共卫生安全风险事件。建立公共卫生应急管理体系，提高公共卫生应急能力，已成为世界各国应对重大公共卫生安全风险事件的关键所在。本文通过梳理国内外现有公共卫生应急管理评价研究，在核心能力的评价与比较、影响因素、治理效应三个角度的研究基础上，总结分析了该领域研究的不足。分析结果发现，该领域研究存在研究框架局限、研究方法单一及研究数据有限等问题。基于此，本文进一步提出了提升研究的可适用性，丰富研究方法等方面的建议。

关键词： 公共卫生应急管理；核心能力；评价体系

公共卫生应急管理的评价研究起源于20世纪初。公共卫生应急管理能力的评价是公共卫生应急管理研究的核心组成部分，评价的准确性及有效性对于成功进行公共卫生应急管理至关重要（Svoboda and Henry，2004）。如何客观评价一个国家和地区应对突发公共卫生事件的综合能力，并针对不足之处进行合理有效的准备，也是政府管理部门关注的重点和难点（黄晓燕等，2019）。在实践中，各国对公共卫生应急能力评估开展了相关研究，并取得了一定的成果（Lumpkin and Miller，2013），既有研究也围绕如何有效评价公共卫生应急管理核心能力，并识别其影响因素，评估其政策效应展开了广泛的研究，但目前尚未形成一个科学、完善的公共卫生应急管理评价体系，也并未系统识别公共卫生应急管理评价研究的关键影响因素及其治理效应。鉴于此，本文在梳理分析公共卫生应急管理体系评价研究进展的基础上，系统评价了当前研究的不足，为未来该领域研究的发展提供了一些有益的建议和思路。

一、公共卫生应急管理体系中核心能力的评价与比较

（一）公共卫生应急管理体系中核心能力的评价维度

美国是世界上最早开展应急管理能力评价的国家。州突发公共事件应急管

理能力评价体系（state capability assessment for readiness）与公共卫生准备和反应能力清单（public health preparedness and response capacity inventory）是这一时期公共卫生应急管理评价研究的代表性成果，也是美国评价公共卫生应急管理核心能力的重要工具。州突发公共事件应急管理能力评价体系是由美国联邦应急管理署和国家应急管理协会联合开发的国家评估标准，使州、领土或偏远地区能够判断其应急管理的准备情况和能力；公共卫生准备和反应能力清单是由美国疾病预防控制中心开发的，用于帮助州和地方公共卫生机构评估州应对生物恐怖主义、传染病的暴发、公共卫生威胁及突发事件等方面的能力。州突发公共事件应急管理能力评价体系评价的维度较为广泛，主要从法律、计划、训练、公众教育信息、通信和预警、危险识别和评估、风险管理、资金管理、物资管理、行动程序、指挥控制协调、演习、后勤装备等 13 项应急管理职能方面进行评价（Fema and Nema，2000）。公共卫生准备和反应能力清单将评价的维度划分成 6 个重点领域，包括规划和评估、监测与流行病学、实验室能力、传播与信息技术、风险传播、健康信息传播以及教育与培训（CDC，2002）。自 2013 年起，美国进一步推出了“国家卫生安全应急准备评价指数”（national health security preparedness index，NHSPI）并每年持续更新。该指数综合多种来源和角度的举措，为整个国家和各州的卫生保护措施提供了一个广泛的评价视角。该指数分为卫生安全监测、社区规划和参与协调、事件和信息管理、健康保健服务、对策管理、环境和职业卫生 6 大方面，并细分为 19 项 139 个具体测量指标。

美国应急管理能力评价体系为国际及其他国家建立本国和地区应急管理能力评价体系提供了参照标准。其他国家和地区也逐步制定了相应标准对公共卫生应急管理体系进行评价。欧盟制定的“评估卫生系统危机管理能力工具包”（toolkit for assessing health-system capacity for crisis management）将评估内容划分为领导和管理、卫生人力资源、医疗产品疫苗和科技、健康信息、卫生筹资、卫生服务提供 6 大方面，并分解为 16 项核心评估内容及 51 个评估指标，用于评估欧盟成员国的卫生应急准备情况。2002 年，日本消防厅和防灾与情报研究所牵头组织了研讨会，设定了日本应急管理能力评价的内容，包括灾害情况的预设、危机的掌握与评估、整顿体制、情报联络体系、器材与粮食储备管理、减轻危机的对策、教育与训练方式、应急水平的维持与提升以及应急反应与灾后重建计划等。我国也开展了相关的研究，原国家卫生和计划生育委员会通过全国性问卷调查构建了卫生应急能力指标体系，包括体系建设、应急队伍、装备储备、培训演练、宣传科研、监测预警、应急处置、善后评估 8 个一级指标。在一级指标的基础上，我国还通过专家访谈等方式将一级指标细化为 34 个二级指标和 81 个三级指标。在国际上，鉴于全球灾难性生物事件冲击的风险增加和国际资金在防疫方面的重大缺口，2019 年美国削减核威胁倡议组织（NTI）、约翰霍普金斯卫生安全中心（JHU）联合其他国际组织共同开发了全球卫生安全（global health security，GHS）指数。这项评估从预防、查明和报告、快速响应、卫生体系、遵守国际规范及风险环境6个方面开展，并细化到了34个指标、85个子指标和140个问题，为各国诊断卫生安全体系并发现问题和提高能力提供了指南。

公共应急管理评价的工作已经在各国陆续开展，但各国的指标评价的维度仍各有侧重，具有一定的局限性。美国州突发公共事件应急管理能力评价体系虽然强调对应急管理系统的整体评价，但未考虑到参与应急管理的个人和主体；公共卫生准备和反应能力清单仅限于公共卫生应急领域，并不能反映公共卫生应急应对系统的核心能力（Hu et al.，2006）。欧盟、日本等评价系统侧重于衡量一个地区的综合卫生应急管理能力，为推进卫生应急体系发展提供依据。而且，上述指标内容较多、目标较难量化、评估操作流程复杂且具备一定的滞后性，较难适用于快速评估特定突发公共卫生事件的应急处置能力（Nelson et al.，2007；黄晓燕等，2019）。因此，相关研究对如何评价公共卫生应急管理体系的核心能力进行了探讨。

相关研究界定了公共卫生应急管理的核心能力评估应满足的原则性条件，即适用、可靠、可行且能够发挥效用（Nelson et al.，2007）。多纳贝迪安（Donabedian，1966，1980）以及特诺克和汉德勒（Turnock and Handler，1997）从结构、过程、输出以及结果4个维度构建了公共卫生应急管理评估的概念框架。汉德勒等（2001）在上述框架的基础进行了拓展，构建了一个囊括宏观环境、任务、结构能力、过程和结果5个维度的评估模型。尽管不同研究可能采取不同的衡量方法，但上述框架模型奠定了公共卫生应急管理评价的基础。尼尔森等（Nelson et al.，2007）延续了上述研究，提出在结构维度中应侧重于对人员、设备、训练、领导组织能力、计划、训练及纠正措施等方面进行评价；在过程维度中应注重对活动执行情况的评价，包括大规模预防、隔离、检疫、公共交流等；在结果维度中不仅应关注受灾或受影响人群健康的维护和恢复，还应该关注系统是否对发病率和死亡率产生其预期的影响以及是否能够有助于帮助结构和过程维度进行决策。李等（Li et al.，2016）以及孙等（Sun et al.，2018）在上述概念模型的基础上，选择疾控中心人员数、疾病预防控制中心拥有学士或更高学位的员工比例、政府资助情况、一般机构支出的资金百分比、每名职工的工作范围以及设备运行效率等作为评价公共卫生应急体系资源配置效率的指标；选择服务的完成性指标来系统度量公共卫生的服务能力。其他的一些研究也尝试从不同的角度构建公共卫生应急能力的评估框架。胡等（Hu et al.，2006）的研究将能力评估理论和应急管理理论应用于评价体系的构建中，强调需要从个人、组织以及系统等三个维度进行具体评价，并建议划分为预防、准备、应对以及恢复等4个功能模块设置对应的评价指标。王晓东等（2013）从准备、监测和预警、应对及事后评价 4 个阶段设计了公共卫生应急能力的评估指标。准备阶段包括预案、队伍人员以及物资储备评价；监测与预警阶段包括监测预防、预警能力、突发事件报告等方面的评价；应对阶段包括应急响应、指挥协调、事件影响、现场需求、现场防护、事件探因、伤员救治、现场控制、媒体应对、公共指导以及综合管理等方面的评价；事后评价阶段包括人员安抚、影响综合评估、事后评估制度建设等。麦凯比等（Mccabe et al.，2010）构建了一个更为普遍和适用性的框架，从“准备”“意愿”和“能力”三个维度评价公共应急管理体系中的核心能力。

（二）公共卫生应急管理体系中核心能力评价的技术方法

从上述研究来看，多数的公共卫生应急管理评价体系的构建高度依赖专家或问卷调研参与者的独立认知和有限思维。因此，公共卫生应急管理体系中核心能力的评价容易受到诸如人为判断误差、数据可得性等许多不确定性因素的影响，导致难以准确评估公共卫生应急管理体系中核心能力。但既有研究也开始逐步开发一些评价技术来提高评价的准确度。

目前，全球范围内已经开发出很多种突发公共卫生事件应急能力评价的技术工具，如圆桌演习、调查问卷等（Dausey et al.，2010）。在诸多评价工具中，应用范围最广的是问卷调查法（Asch et al.，2005；Ronsenfald et al.，2005），问卷调查法更多是基于学者或者研究机构的直接思考和思维认知，识别出不同情境下公共卫生应急管理体系所具备的核心能力。这一方法呈现出精细化和情景化的特征（Farazmand，2001），也具备识别主体感知的特征。由于公共卫生管理应急体系核心能力评价既重要又亟须评价者的充足经验，因此头脑风暴、专家访谈、德尔菲法、文献分析法等制定核查清单或案例研究的方法成为公共卫生应急管理体系核心能力评估的主要方法（Paton and Jackson，2002；William et al.，2006；田依琳等，2008；Public Safety Canada，2009；Comfort and Waugh，2012）。随着建模技术的不断发展，定性和定量相结合的评估方法开始涌现。系统分析法和层次分析法在指标评价体系的构建中得到了广泛的应用。杨青等（2007）在公共卫生应急管理体系中融合了过程管理的理念，采用系统分析的方法构建了综合评价表，实证测度了政府部门的应急管理能力。韩传峰和叶岑（2007）从组织体系、预警机制、应急处置机制、资源保障和事后总结等重要维度构建了综合层次分析模型，并以此量化了政府应对突发事件的综合能力。田军等（2014）的研究通过建立能力成熟度模型，量化评价了政府应急管理能力。一些模型技术也开始用于缓解公共卫生应急管理评价中的主观性偏差，如模糊集的路径、人工神经网络、人工社会网络、计算实验和并行执行等建模方式（Harris et al.，2007；Duan et al.，2013；王薇和曹亚，2018）。

二、公共卫生应急管理体系中核心能力的关键影响因素

1. 国家制度层面及其顶层设计

我国目前已初步建立了适应于当前国情的应急管理体系，以应急预案和应急管理体制、机制和法制建设（即“一案三制”）为基础，构建了应急管理体系的核心框架。综合应急管理理论作为我国现有应急管理体系的理论基础，是一个“对象—过程—结构”的三维框架（童星，2018）。尽管“一案三制”的综合应急管理体系符合国情、基本可行，但也有两大弱点：一是没有目标规划，无法评价效果；二是全灾种管理与全过程管理难以兼容（童星，2018）。同时，在应急管理实践中，既有的应急管理体系还暴露出一系列结构性缺陷，并且从此次应对新型冠状病毒肺炎疫情防控也可看出现有的应急管理体系并不完善。因此，通过自上而下的顶层设计，构建系统化应急法律体系、创新疾病监测与预警系统、改善应急组织结构、加强公众应急宣传教育等已成为完善我国突发公共卫生事件应急处置体系的关键因素（薛澜和刘冰，2013；谈在祥等，2020）。由此，国家在公共应急管理层面的顶层设计是影响公共卫生应急管理体系核心能力的重要因素（Comfort and Waugh，2012）。

美国应急处置相关立法较早，形成了以联邦法律、总统命令以及政策指南为主体的应急处置制度体系，各州也有相应的制度规定。此外，美国联邦应急管理局作为美国法律和总统指令的细则拟定者，在应急响应、响应方式、职能明确、部门协作等方面制定了具体的政策及指南。同时，日本也形成了系统化、立体化的应急管理法律体系。因此，加快我国制度层面顶层设计刻不容缓。此外，在建立社会应对重大突发事件机制时，除了建立应急管理体系的制度之外，还要加强现代社会保障制度应对重大社会突发事件功能的认识，支持建立应对重大公共突发事件的社会保障应急系统。在具体政策执行过程中，应区分正常的社会保障制度和突发情况下的社会保障制度，采用弹性的政策应保障公共卫生事件的应急管理。

2. 地方政府的治理作用

应急管理作为一个复杂的政策系统，涉及政府间的多阶段努力，以减轻，准备，响应灾害并从灾难中恢复（Donahue and Joyce，2001）。一些学者认为在应对突发公共事件时，地方政府如果能及时做好应对措施，将会起到关键性的作用。寇尔（Col，2014）提出，在应对重大突发公共事件时，虽然各级政府通常都参与了灾难管理，但地方政府的作用和行动尤为关键。如果地方政府

能够制定必要的政策和具体程序来有效应对社区突发事件及其后果，那么在应急管理中将发挥关键作用（Henstra，2010）。德拉贝克和奥特马尔（Drabek and Hoetmer，1991）指出，地方政府在灾害方面有两个作用：全面的应急管理和综合的应急管理。当政府协调应急管理的四个阶段（缓解、准备、响应和恢复）时，它将采取全面行动；当政府在横向和纵向协调危害评估、资源动员以及与其他实体的运营计划和策略时，它将采取综合行动。谷春江（2019）提出，作为地方应急管理的直接执行机关和践行机构，地方政府在应急管理中担当首要的责任。同时，提高地方政府应急管理能力也是维护地方政治经济发展所必需的行政手段。如果地方政府在应对突发公共事件时和媒体建立了有效的协同机制，可以合理有效地推进应急传播工作，既能稳定大局、塑造良好的政府形象，又能尊重新闻本源、满足受众的知情权（许春蕾，2019）。

3. 社区及社会组织的参与

除了地方政府在应对突发公共事件时起主导作用外，社区和社会组织也将在应急管理中起到积极作用。作为“强政府”国家，我国需要私人部门和社会组织有效参与国家的应急管理（张海波和童星，2015）。哈里斯和克莱门茨（Harris and Clements，2007）指出，有效应对大规模公共卫生威胁需要个人和机构之间协调一致的努力。尽管社区协调需要沟通和规划预防措施，以应对严峻的灾难威胁（Kapucu，2008），然而对于负责确保公众对其健康和安全的反复威胁作出有效反应的政府官员而言，如何组织社区响应是一个主要问题（Drabek，2003；Fitzpatrick，1999）。反复发生的威胁和警告（如疾病和恐怖主义）可能会导致社区麻木，导致低估和准备不足，并因此增加了公众面对迫在眉睫的危险的风险，进而导致更多的生命和财产损失，并使灾后恢复速度变慢（Burby，1998；Williams and Olaniran，1998）。可见，社区以及社会组织的共同参与对其公共卫生应急管理而言极为重要，想要实现整体性治理，社会力量参与应急救援是必不可少的（高小平，2018）。而且社区作为突发事件的第一现场和应对事件的前沿阵地，提高其应急管理能力，对于突发事件的预警、减缓、处置和恢复具有重要意义（李菲菲和庞素琳，2015）。

4. 公共卫生应急管理系统的有效性

尽管有效的公共卫生应急准备和响应系统对减轻所有突发事件对人口健康的影响至关重要（Kha et al.，2015），并且诸多证据表明构建公共卫生应急管理系统能够更好地保障公共健康安全（Rose et al.，2017），但是突发公共卫生事件仍对许多国家的公共卫生应急管理系统造成了严峻的挑战（Sun et al.，2018）。鉴于现有的公共卫生系统在法律和组织上极为复杂，导致了不同地方政府或地区基础设施存在极大差异，因此构建具有普适和有效的公共卫生应急管理系统是提升公共卫生应急管理核心能力的关键性手段（Salinsky，2002）。

经验证据也表明，公共卫生应急管理系统的缺陷严重影响了公共卫生应急管理效用的发挥。如利威尔等（Revere et al.，2011）的研究发现，公共卫生监管机构在公共卫生应急准备和响应中发挥着重要作用，但是在既有公共卫生应急管理系统中，公共卫生监管机构在收集一手信息的过程中存在着“消息过载”的弊病。因此，相关研究开始将信息技术引入公共卫生应急管理体系，提高公共卫生应急管理核心能力。里迪克（Reddick，2011）在研究信息技术对紧急状态准备和计划的影响中发现信息技术对应急计划产生了重大影响，并且信息技术在应急管理的所有阶段都是有效的，尤其是在响应阶段。此外，相关研究表明虽然决策者致力于确定政府在公共卫生防范方面的投资是否使公共卫生系统为应对大规模公共卫生紧急状况做好了更好的准备（Nelson et al.，2007），但是在缺乏有关健康紧急状况和灾难风险管理投资的成本和相对收益数据的情况下，政府一直不愿在系统上进行充分的投资以减少紧急情况和灾难的风险和后果（Peters et al.，2019）。代颖等（2010）的研究也明确指出，应急资源的及时供应是提高突发公共事件救援工作效率的关键。公共卫生应急管理系统的优化虽然有助于增强应急管理的效率和效益，但是在系统建设过程中应注意应急管理工作的性质、特点、目标和任务（游志斌，2019）。

5. 公共卫生应急管理模式的差异

由于制度体系的差异，不同的国家有着不同的应急管理模式，而且随时根据实际情况进行调整。美国、日本已由原先的单一灾种、分部门处理发展为综合性应急处理，即所有类型的突发事件均由一个总部门管理，由其负责下属机构的协调工作，而我国目前仍沿用单一灾种、分部门处理的应急处置模式。在这一模式下，消防、公安、医疗机构等相关部门之间的协调联动不够，各部门的补位协同机制不顺畅（谈在祥等，2020），并且受传统管理观念的影响，地方政府在应对突发事件时仍遵循统一领导、综合协调、分类管理、分级负责、属地管理为主的原则，缺乏整体性的治理观念（雷晓康等，2019）。薛澜和钟开斌（2005）提出，由于突发公共事件的不可预测性，不仅类型繁多，而且发生的原因、产生危机状态的影响程度和范围等都有很大差异，因此政府应对的措施和手段也是不同的，同时由于环境的变化，即使是相同类型突发公共事件，其应对的模式也可能不同。张康之（2013）提出，应急管理需要建构“去典型化”的思维方式。在此基础上，高小平（2018）指出，根据应急管理的特殊性原理，应急管理需要按照专门化、专业化、专职化的要求进行制度安排，但是在鼓励有效的多元参与应急管理模式时，必须基于各行动主体在应急管理中拥有合理的利益（贾学琼和高恩新，2011）。

6. 社交媒体的应用

在公共卫生应急管理中，社交媒体发挥着重要的作用。对于社会公众而言，社交媒体不仅有实现应急信息的生成、交互和传播的作用，还可以为应急响应过程提供动态建议（夏志杰等，2013）。对于政府、社区等职能部门而言，利用技术准确识别、分析社交媒体在灾难期间使用所产生的信息能够为应急决策提供重要的信息支持（吕孝礼等，2012；郭春侠等，2019）。经验证据也为社交媒体的重要作用提供了佐证。美国“9·11”事件以后，灾害社会科学研究在方法上已从早期的社会学小群体网络、人际网络分析，发展至大规模网络、组织网络分析，广泛运用社交媒体对灾害事件进行分析（张海波和童星，2015）。社交媒体在突发事件发展的每一个阶段中都发挥着重要作用（沙靓和翟裕晖，2018）。马奔和李文静（2017）也指出，在应对突发事件时，政府需要对事件有目的地选择信息源和信息传播渠道来避免社会恐慌、维持社会稳定，因此，在应急管理中融合社交媒体运用时，应通过提高信息披露等方式培植官方媒体的权威性，在信息源杂乱且快速传播的环境中及时准确地发布相关信息（向军，2017）。

7. 信息技术的应用

里迪克（Reddick，2011）发现信息技术对应急管理有着极其重要的作用。信息技术在应急管理的所有阶段都是有效的，尤其是在响应阶段。杜安等（Duan et al.，2013）提出，人工社会、计算实验和并行执行（ACP）方法对于公共卫生突发事件管理有重要作用。张明媛等（2008）提出，信息技术在灾害发生时能够对已发生的灾情局面作出快速的辅助决策支持。在我国实际应急过程中，以地理空间信息技术为核心的应急管理地理信息平台建设，已成为目前国内省级应急平台建设的主要模式（袁超和罗灵军，2011）。林贺（2019）提出，在大数据的时代背景下，可将信息技术应用于应急管理的事前准备阶段、事中响应阶段、事后处置和救援阶段。值得一提的是，应急物资的科学管理也是应急管理的重要组成部分。雷晓康和周文光（2019）的研究发现，利用信息技术搭建应急物资网络化平台，能够优化应急物资的配置与管理。相较于传统的应急管理方式存在的效率低、反应不及时、处理不够妥当等弊端，信息技术的应用不仅可以有力地推动应急管理工作的创新，还能提高突发事件中信息的收集与整合效率，为突发事件的预警技术平台提供信息与技术支持（杨月江和高晓燕，2019）。

8. 主体间应急协作的有效性

公共卫生应急管理涉及的参与主体众多，因此各主体间的通力协作是保障公共卫生应急管理的重要条件之一（Waugh and Streib，2006）。西格等（Seeger et al.，2018）通过大量的实证研究、实践证据及案例研究发现，沟通在成功管理突发事件中起着核心作用。突发事件的特殊性导致决策过程的非常态化，不仅需要一个强有力的组织，其协调和指挥能力也是必不可少的。因此，强化各级政府应急管理部门的能力、协调不同主体之间的矛盾是应急管理不可或缺的部分。但在实践过程中，不仅部门协作是应急管理的主要障碍，各部门之间的资源也很难综合利用（滕五晓和夏剑霰，2010）。因此，在应急管理中，应强化行政问责机制，确保协作的有效性，利用激励机制调动部门以及人员的积极性（薛澜和刘冰，2013）。具体而言，可采取整体性治理的思路，通过整合信息资源（强化信息共享意识、整合政府内部信息资源）和提高行政领导能力（科学决策能力、人际沟通能力、履责能力）强化协调沟通能力，实现应急协作有序性（雷晓康等，2019）。

三、公共卫生应急管理体系中核心能力的治理效应

突发公共卫生事件不仅是医学领域的难题，也是一个复杂的社会性问题。公共卫生事件的发生会对整个社会产生重大的影响，不仅对公众生命安全和心理健康造成威胁，而且会使当地经济蒙受巨大损失，影响国家和地区形象（Yasmin et al.，2018）。构建科学合理的公共卫生应急管理体系，培育应急管理核心能力对降低突发公共卫生事件所造成的人员伤亡、财产损失，维护社会秩序，保证政治、经济及社会生活稳定至关重要（Hu et al.，2009）。

1. 提升预警能力，防范重大风险

美国著名行政学家戴伟·奥斯本和特德·盖布勒（2006）提出了“成为有预见的政府——预防而非治疗”的政府治理公共危机理念。从改善社会治理这个层面看，全面、整合的公共危机管理体系能够有效降低各类危机发生的可能性，消除威胁人民生命和财产安全的种种不利因素，维护人民公共利益，保障社会的正常稳定运转，助力政府公共危机管理（张成福，2003）。应用危机管理理论，形成有效预警在公共卫生应急管理体系中发挥着不可或缺的作用，能够有效降低公共卫生事件发生的可能性，及时收集和处理各种关于潜在的危机的信息，将危机扼杀在摇篮之中，最小化危机造成的不利影响（刘雅文，2004）。温卡特斯和马米什（Venkatesh and Memish，2003）在危机管理理论的基础上，结合突发性公共卫生事件的特点，得出公共卫生应急管理体系中监测预警系统的构建可以有效提升国家面对突发事件的预警和防范能力，防患于未然。王陇德（2007）指出，突发公共事件的防范和控制影响着应急管理处置的成败，而一套健全的突发公共卫生事件法律、法规和制度体系将会逐步规范突发公共事件的应急处置流程，有效促进综合应急管理模式的形成。在全面整合的应急管理体系下，突发公共事件应急管理的事前预警、物资准备等基础性工作承担重要职能，同时需要做好模拟危机发生时的应急演练和技能培训，重点加强危机预警机制建设，这对提高政府突发公共事件预警和防范能力，规范国家应急管理工作具有重大促进作用（薛澜和钟开斌，2005）。美国全国公共卫生信息联络系统建设的先进经验也从实践层面表明：建立相对独

立、垂直管理的公共卫生信息系统，在疾病暴发与大规模流行前启动预警方案，可有效加强对可能疾病的症状监测，为突发公共卫生事件的应对赢得时间，从而最小化突发公共卫生事件对人民生命财产安全的威胁（谈在祥等，2020）。

2. 提高应对效率，降低治理成本

面临突发公共卫生事件时，如何快速制定相应的解决对策，高效、有序地开展各项公共卫生应急处理工作，以减少事件可能造成的社会损失至关重要，而这些措施的有效实施需要一个有效的管理体系的支撑（Mccabe et al.，2010）。高效的公共卫生应急管理体系在突发公共卫生事件爆发阶段发挥着关键作用，在突发公共卫生事件发生后，指挥协调系统承担核心协调的职能，有利于各部门之间明晰各方责任，从而高效协作，降低治理成本，提高公共卫生事件应急处置效率（刘雅文等，2004）。根据利益相关者理论，各行动主体通过参与应急管理获得合理利益是有效的多元参与危机管理模式的基础。通过多元主体主动参与应急管理，积极响应各项应急处置措施，应急管理体系中多元参与的危机管理模式可以加强各方协同合作，提高应急管理措施的实施效率（贾学琼和高恩新，2011）。在应急治理决策、指挥、执行、反馈等于一体的权责体系和协作机制下，基层执行主体将及时向指挥中心报告相关信息并执行指挥中心命令以合理调配医疗资源，缩短城市应急管理链条，提高应对效率（Liang and Xue，2004）。我国突发公共卫生事件应急处置的体系和模式从实践证明：完善的公共卫生事件应急处理体系可以在疫情爆发时迅速作出反应，保证疫情期间大量人力、物力、财力的及时需求。完善的应急管理体系有助于鉴别危机发生诱因、完善疾病监测、加快建设信息网络和实验室鉴别诊断网络，提高快速反应、准确判断、积极应对的能力（薛澜和朱琴，2003）。

3. 应急管理信息网络化，提高疫情监测准确度

疫情信息的有效传递能够提升公共卫生事件应急管理的实施效果，及时收集、分析与突发事件相关的各种信息和反馈相关数据，有助于提高疫情监测准确度，从而精准施策（Hu et al.，2006）。突发公共卫生事件管理的信息管理与监测系统建立有助于政府随时对突发公共卫生事件的变化作出分析判断，促进与国家各类安全问题相关的信息的收集和分析（刘雅文，2004）。在信息系统的应用方面，里迪克（2011）分析得出应急管理体系中信息技术的运用可以减少危机预警、应对以及修复等阶段的消息闭塞，起到有效的信息传递作用，如政府可以利用地理信息系统找出受飓风影响的地区进而精准施策。地理信息系统等技术在政府应急管理中的运用，使得政府在应急管理的准备、缓解和反应阶段掌握更多信息，实现网络通信互联互通，数据共享共用，从而使政府在危机之前，危机时及危机后进行的决策过程更加规范（Gunes and Kovel，2000）。滕五晓和夏剑霰（2010）提出为了有效实施全灾害危机管理和全过程

危机管理，应建立综合灾害情报信息和应急指挥平台，将现有的分散于地震、民防、气象、防汛、疾控中心、应急联动中心等突发事件应急情报信息整合成统一的全灾害情报信息，并转变成有效的应急指挥、决策情报信息。

4. 提升危机善后恢复能力，巩固应急卫生管理成果

评估、恢复阶段作为公共危机管理的最后一个阶段，对于在危机中重获新生有重要意义（肖鹏军，2006）。米特夫（Mitroff，2001）认为，危机管理最后一个阶段是学习阶段，公共危机应急处理体系的构建有助于汲取危机发生的经验教训，提升危机善后恢复能力，即便危机再次发生，也能提高危机处理的效率。奥古斯丁（2011）的六阶段理论也认为危机管理体系的最后一个阶段是弥补危机造成的社会经济损失和人民心理创伤的过程。通过对突发公共卫生事件进行事后分析评估，总结在应急管理预警、应对以及善后恢复的经验教训，以便提高以后的应对能力（刘雅文，2004；Yasmin，2018）。在实践应用中，我国2002～2012年突发公共卫生事件的事前预警、准备预案、事件回应以及灾后修复四个阶段的能力进展也表明，公共卫生事件应急管理体系有助于进一步消除公共卫生事件造成的损害，同时有效预防和解决与突发公共卫生事件相关的可能导致突发事件再度发生的各种社会问题，巩固突发卫生事件管理成果（Sun et al.，2018）。

5. 优化资源配置，科学财政决策

运用政治经济学的理论和方法，建立以预防为主的公共危机管理体系可以大幅度降低过高的事后救济成本，提高资金的使用效益（董建新和余钧，2010）。突发公共卫生事件应急管理体系涵盖了事前预备、事中处置、事后补偿三个阶段，建立全过程的风险分散机制能够优化应急财政资金的运用，避免财政支出的低效率化（冯俏彬，2009）。但在实践中，通常单独的部门就无法有效完成这种全过程风险分散的危机管理，很多情况下，它需要涉及多个部门，而且危机事件的复杂程度与涉及的政府部门呈正相关，牵涉的政府部门越多，协调的交易费用就越高。构建完善的“全流程”应急管理体系可以在各部门间形成有效的协调机制，降低交易费用，进而提高政府处理危机事件的能力（王乐夫等，2003）。从实践角度来看，构建基于治理视角的社区应急管理体系可以充分激发政府、社区、企业等各类主体的应急响应积极性，优化配置各方资源，提升治理网络的开放性、协作效率以及促进各主体功能互补，使得各主体能形成良性互动，优势互补，加强协作，达到资源的最优配置（李菲菲和庞素琳，2015）。

6. 提高问责效率，提升政府公信力

完善的应急管理体系提供了突发事件绩效评价的基准，方便政府和人民群众对应急管理资金使用过程和结果进行监督，从而保证资金接受主体受托责任的履行（Henstra，2010）。同时通过监督和评价基准，政策制定者可以快速评

价防控资金物资运用的合理性和成效，有效衡量接受政府投资的各级主体的资金使用效率和执行能力，强化行政问责（Nelson et al.，2007）。王薇和曹亚（2018）准确剖析了我国突发事件频发的现状，提出考察政府的应急管理能力需要构建合理的应急管理体系。应急管理体系对评价当前政府应急管理水平、提升我国政府对突发事件的回应和治理能力发挥着重要的指导意义。应急管理体系中面向过程的评估方法，可以更好地评估政府在突发公共事件应急处置过程中的综合管理效果，明确管理的薄弱环节，并建立针对性的改进方案，从而使政府的应急管理能力得到逐步提升和持续改进（田军等，2014）。

四、研究不足与建议

从上述公共卫生应急管理评价研究来看，既有研究仍存在一定的局限性，未来该领域的研究可考虑从以下几个方面推进：

第一，国外的实践和研究较为系统和成熟，为我国公共应急管理评价研究提供了一定的理论支撑和思路借鉴。就国内实践及研究而言，其发展相对滞后，尚未形成一套公认的公共卫生应急管理评价体系。因此，如何在既有理论和相关研究的基础上，构建出一套适用于我国国情的公共卫生应急管理评价体系则显得尤为重要。

第二，既有的评价指标的研究存在维度单一化以及没有考虑各层次指标之间相互关联和作用的问题。一方面，多数研究仅按照突发公共卫生事件发展的阶段来构建评价指标，忽略了不同个体或组织在公共卫生应急管理中的影响力度以及相互作用；另一方面，当前的定性识别和分类方法难以反映不同评价维度之间的互动和动态演化进程。因此，有必要在公共卫生事件发展的各个阶段中嵌入不同应对主体作为观测对象，从动态演化互动的视角，采用定性和定量相结合的分析方法对公共卫生应急管理进行“循环化、全流程”的评价。

第三，当前公共卫生应急管理评价的研究多采用问卷调查、专家调研等主观性方法，或采用个案进行分析探讨，缺乏大样本的案例和实证研究。专家调研或问卷调查的信用效度取决于专家的选择、问卷对象的覆盖度以及问卷的有效性；基于个案的探讨可能具备启发性且能够更为细致地捕捉各案例的特征，但仍难以全面推广。在未来的研究中可以借助更为精准的技术模型通过对各个国家和地区公共卫生应急管理的大样本案例研究或实证分析，以验证个案研究的准确度，纠正人为推断的误差，进而增加公共卫生应急管理评价的准确性和普适性。

第四，当前研究缺乏对公共卫生应急管理核心能力影响因素的综合考量和对治理效应的准确评估。公共卫生应急管理体系是一个相对复杂的系统，其参与主体众多，影响因素广泛。不同的研究已基于特定的研究目的对相关影响因素进行了探讨，但未将关键影响因素综合置一个系统的框架内予以考量，存在重叠和缺漏的可能。因此，从“宏观—中观—微观”的视角，识别公共卫生应急管理的关键影响因素并采用技术手段对各影响因素的影响力度进行量化是识别影响公共卫生应急管理核心能力关键因素的一条可行性路径。当前鲜有研究科学、准确地评估量化公共卫生应急管理核心能力的治理效应，因此如何利用现有的技术方法识别并准确评估公共卫生应急管理核心能力的治理效应是未来研究中需要重点考虑的问题。

参考文献

[1] 冯俏彬. 我国应急财政资金管理的现状与改进对策 [J]. 财政研究，2009 (6): 12 - 17.

[2] 高小平，刘一弘. 我国应急管理研究述评 (上) [J]. 中国行政管理，2009 (8): 29 - 33.

[3] 高小平，刘一弘. 我国应急管理研究述评 (下) [J]. 中国行政管理，2009 (9): 19 - 22.

[4] 高小平. 整体性治理与应急管理：新的冲突与解决方案 [J]. 公共管理与政策评论，2018，7 (6): 3 - 10.

[5] 胡象明，张智新. 应急管理研究：理论探讨与政策创新的统一——“应急管理与政策创新”学术研讨会综述 [J]. 理论探讨，2007 (1): 111 - 112.

[6] 贾学琼，高恩新. 应急管理多元参与的动力与协调机制 [J]. 中国行政管理，2011 (1): 70 - 73.

[7] 雷晓康，安静，张茜茜. 跨区域突发事件中地方政府内部应急协作的情景构建分析与优化策略 [J]. 中国行政管理，2019 (4): 145 - 150.

[8] 李菲菲，庞素琳. 基于治理理论视角的我国社区应急管理建设模式分析 [J]. 管理评论，2015，27 (2): 197 - 208.

[9] 刘雅文，叶琳，王伟等. 突发公共卫生事件中危机管理理论的应用 [C] // 2004 年 SARS 与禽流感国际学术研讨会，2014.

[10] 罗伯特·希斯. 危机管理 [M]. 王成，译. 北京：中信出版社，2006: 35.

[11] 吕孝礼，张海波，钟开斌. 公共管理视角下的中国危机管理研究——现状、趋势和未来方向 [J]. 公共管理学报，2012，9 (3): 112 - 121，128.

[12] 诺曼·R. 奥古斯丁. 危机管理 [M]. 北京新华信商业风险管理有限责任公司，译. 北京：中国人民大学出版社，2001: 4.

[13] 田军，邹沁，汪应洛. 政府应急管理能力成熟度评估研究 [J]. 管理科学学报，2014，17 (11): 97 - 108.

[14] 童星. 中国应急管理的演化历程与当前趋势 [J]. 公共管理与政策评论，2018，7 (6): 11 - 20.

[15] 王陇德. 我国突发公共卫生事件概况、趋势分析及应对策略 [J]. 中国应急管

理，2007（2）：21－24.

［16］王晓东，吴群红，郝艳华，康正，梁立波，陈海平. 突发公共卫生事件应急能力评价指标体系构建研究［J］. 中国卫生经济，2013，32（6）：47－50.

［17］肖鹏军. 公共危机管理导论［M］. 北京：中国人民大学出版社，2006：2－3.

［18］薛澜，刘冰. 应急管理体系新挑战及其顶层设计［J］. 国家行政学院学报，2013（1）：10－14，129.

［19］薛澜，钟开斌. 突发公共事件分类、分级与分期：应急体制的管理基础［J］. 中国行政管理，2005（2）：102－107.

［20］钟开斌. 突发公共事件分类、分级与分期：应急体制的管理基础［J］. 中国行政管理，2005（2）：102－107.

［21］薛澜，朱琴. 危机管理的国际借鉴：以美国突发公共卫生事件应对体系为例［J］. 中国行政管理，2003（8）：51－56.

［22］杨青，田依林，宋英华. 基于过程管理的城市灾害应急管理综合能力评价体系研究［J］. 中国行政管理，2007，261（3）：103－106.

［23］游志斌. 美国第三代全国突发事件管理系统的变革重点：统一行动［J］. 中国行政管理，2019（2）：135－139.

［24］张成福. 公共危机管理：全面整合的模式与中国的战略选择［J］. 中国行政管理，2003（7）：6－11.

［25］张海波，童星. 中国应急管理结构变化及其理论概化［J］. 中国社会科学，2015（3）：58－84，206.

［26］钟开斌. 中国应急管理机构的演进与发展：基于协调视角的观察［J］. 公共管理与政策评论，2018，7（6）：21－36.

［27］Col J. M. Managing Disasters：The Role of Local Government［J］. Public Administration Review，2007，67（s1）：114－124.

［28］Comfort L. K.，Waugh W. L.，Cigler B. A. Emergency Management Research and Practice in Public Administration：Emergence，Evolution，Expansion，and Future Directions［J］. Public Administration Review，2012，72（4）：539－547.

［29］Dausey D. J.，Buehler J. W.，Nicole L. Designing and Conducting Tabletop Exercises to Assess Public Health Preparedness for Manmade and Naturally Occurring Biological Threats［J］. Bmc Public Health，2007，7（1）：1－9.

［30］Donahue A. K.，Joyce P. G. A Framework for Analyzing Emergency Management with an Application to Federal Budgeting［J］. Public Administration Review，2001，61（6）：728－740.

［31］Drabek T. E.（Eds.）. Strategies for Coordinating Disaster Responses. Natural Research and Applications Information Center，2003，University of Colorado，Boulder，CO.

［32］Duan W.，Cao.，et al. An ACP Approach to Public Health Emergency Management：Using a Campus Outbreak of H1N1 Influenza as a Case Study［J］. Systems，Man and Cybernetics：Systems，IEEE Transactions on，2013，43（5）：1028－1041.

［33］Farazmand A. ed. Handbook of Crisis and Emergency Management［M］. New York：

Marcel Dekker, Inc., 2001.

[34] Fitzpatrick P. (Eds.). Natural Disasters: Hurricanes. 1991. ABC-CLIO, Santa Barbara, CA.

[35] Gunes A. E., Kovel J. P. Using GIS in Emergency Management Operations [J]. Journal of Urban Planning and Development, 2000, 126 (3): 136-149.

[36] Harris J. K., Clements B. Using Social Network Analysis to Understand Missouri's System of Public Health Emergency Planners [J]. Public Health Reports, 2007, 122 (4): 488-498.

[37] Henstra D. Evaluating Local Government Emergency Management Programs: What Framework Should Public Managers Adopt? [J]. Public Administration Review, 2010: 1540-6210.

[38] Hu G. Q., Rao K. Q., Sun Z. Q. A Preliminary Framework to Measure Public Health Emergency Response Capacity [J]. Journal of Public Health, 2006, 14 (1): 43-47.

[39] Hu J., Zeng A. Z., Zhao L. A Comparative Study of Public-health Emergency Management [J]. Industrial Management & Data Systems, 2009, 109 (7): 976-992.

[40] Kapucu N. Collaborative Emergency Management: Better Community Organising, Better Public Preparedness and Response [J]. Disasters, 2008, 32 (2): 239-262.

[41] Khan Y., Fazli G., Henry B., et al. The evidence base of primary research in public health emergency preparedness: A scoping review and stakeholder consultation Health policies, systems and management [J]. BMC Public Health, 2015, 15 (1): 432.

[42] Li C., Sun M., Wang Y., et al. The Centers for Disease Control and Prevention System in China: Trends From 2002-2012 [J]. American Journal of Public Health, 2016, 106 (12): 2093-2102.

[43] Lumpkin J. R., Miller Y. K., Inglesby T., et al. The Importance of Establishing a National Health Security Preparedness Index [J]. Biosecurity and Bioterrorism: Biodefense Strategy, Practice, and Science, 2013, 11 (1): 81-87.

[44] Mccabe O. L., Barnett D. J., Taylor H. G., et al. Ready, Willing, and Able: A Framework for Improving the Public Health Emergency Preparedness System [J]. Disaster Medicine and Public Health Preparedness, 2010, 4 (2): 161-168.

[45] Nelson C., Lurie N., Wasserman J., et al. Conceptualizing and defining public health emergency preparedness [J]. American Journal of Public Health, 2007, 97 Suppl 1 (Supplement_1): S9-11.

[46] Paton D., Jackson D. Developing Disaster Management Capability: An Assessment Centre Approach [J]. Disaster Prevention and Management, 2002, 11 (2): 115-122.

[47] Peters D. H., Hanssen O., Gutierrez J., et al. Financing Common Goods for Health: Core Government Functions in Health Emergency and Disaster Risk Management [J]. Health Systems & Reform, 2019, 5 (4): 307-321.

[48] Reddick C. Information Technology and Emergency Management: Preparedness and Planning in US States [J]. Disasters, 2011, 35 (1): 45-61.

[49] Revere D., Nelson K., Thiede H., et al. Public Health Emergency Preparedness and Response Communications with Health Care Providers: A Literature Review [J]. BMC Public Health, 2011, 11 (1): 337.

[50] Rose D. A., Murthy S., Brooks J., et al. The Evolution of Public Health Emergency Management as a Field of Practice [J]. American Journal of Public Health, 2017, 107 (S2): S126 – S133.

[51] Rosenfeld J. Is the Australian Hospital System Adequately Prepared for Terrorism? [J]. Medical Journal of Australia, 2005, 183 (11 – 12): 567.

[52] Salinsky E. Public health emergency preparedness: Fundamentals of the system [EB/OL]. National Health Policy Forum, 2002 – 04 – 03.

[53] Seeger M. W., Pechta L. E., Price S. M., et al. A Conceptual Model for Evaluating Emergency Risk Communication in Public Health [J]. Health Security, 2018, 16 (3): 193 – 203.

[54] Sun M., Xu N., Li C., et al. The Public Health Emergency Management System in China: Trends from 2002 to 2012 [J]. BMC Public Health, 2018, 18 (1): 474.

[55] Svoboda T., Henry B., Shulman L., et al. Public Health Measures to Control the Spread of the Severe Acute Respiratory Syndrome during the Outbreak in Toronto [J]. New England Journal of Medicine, 2004, 350 (23): 2352 – 2361.

[56] Venkatesh S., Memish Ziad A. Bioterrorism-a New Challenge for Public Health [J]. International Journal of Antimicrobial Agents, 2003: 212.

[57] Waugh W. L., Streib G. Collaboration and Leadership for Effective Emergency Management [J]. Public Administration Review, 2006, 66 (Supplement s1): 131 – 140.

[58] William L., Waugh J., Gregory S. Collaboration and Leadership for Effective Emergency Management [J]. Public Administration Review, 2006, 12 (66): 131 – 140.

[59] Yasmin, Khan, Tracey, et al. Public Health Emergency Preparedness: A Framework to Promote Resilience [J]. Bmc Public Health, 2018.

作者单位：中南财经政法大学会计学院/政府会计研究所

Research Progress of Public Health Emergency Management Evaluation System

Zou Mengqi　Hu Qi　Li Xuedi

Abstract: The outbreak of COVID – 19 in China and globally has triggered major public health security risk events. Establishing a public health emergency management system and improving public health emergency capabilities have become the key to countries around the world in responding to major public health security risk events. Based on three perspectives of core competence evaluation and comparison, influencing factors, and governance effects, this paper summarizes the research deficiencies in this field by combing the existing public health emergency management evaluation studies at home and abroad. The analysis results show that the research in this area has problems such as limited research framework, single research method and limited research data. Based on this, this article further puts forward suggestions for improving the applicability of research and enriching research methods.

Key words: Public Health Emergency Management; Core Competence; Evaluation System

基于 ISM 和 AHP 的 PPP 项目政治风险分析*

梅建明　梅辉扬

摘　要：本文基于解释结构模型（ISM）和层次分析法（AHP）研究 PPP 项目政治风险各影响因素之间的关联性及其权重。首先通过梳理 PPP 项目政治风险因素，得到 PPP 项目政治风险识别初步清单；其次运用解释结构模型揭示 PPP 项目政治风险影响因素的关联性和层次结构；最后利用层次分析法进行定量分析，构造判断矩阵并进行一致性检验，得出 17 个政治风险因素的综合权重并排序。

关键词：PPP 政治风险；解释结构模型；关联性；层次分析法；权重

一、引言

PPP 项目是由政府和民营资本等多方参与，具有投资大、周期长、结构复杂的特点，在项目生命周期中会面临包括政治风险、法律风险、金融风险、市场风险运营风险等在内的多种风险。从 PPP 项目的实施情况来看，政治风险是 PPP 项目运作过程中最难防控的风险之一，根据“国家 PPP 综合信息平台项目管理库”统计显示，截至 2019 年 10 月，累计开工项目数量仅占管理库累计项目个数的 38%，实际投资额仅占预计投资额的 37%，造成累计开工数量和实际投资额占比不高的主要原因之一，就是社会资本对政府行为心存顾虑。姚明来（2017）对 PPP 项目全生命周期的风险进行动态评估发现，在 PPP 项目风险宏观控制的 10 大风险中，政治风险权重位于第二，进一步说明了政治风险在 PPP 项目风险中的重要性。

目前对 PPP 项目政治风险的研究，主要集中在政府信用领域。从利益相关者的角度来看，张（Cheung，2011）通过研究影响中国运用 PPP 模式提供城市基础设施项目最严重的五大影响因素，发现利益相关者对政府的信心较低，最严重的风险与政府相关。蔡浩（2015）指出，90% 的企业家、70% 的民营企业最大的顾虑是地方政府不讲信用。从风险控制管理角度来看，王晓姝（2016）对交通基础设施 PPP 项目中 35 个风险因素的关联度通过实证分析，

* 基金项目：本文受中央高校基本科研业务费项目“高质量发展背景下 PPP 可持续发展的困境及对策”（2722020PY031）资助。

发现政府信用风险的得分最高，政府信用风险是整个 PPP 项目中最关键的风险。李基凯（2018）指出，政府信用风险是 PPP 项目面临的最大风险之一，加强对 PPP 项目中的政府信用风险的认识可以有效降低 PPP 项目风险。从实践案例分来看，元霞（2009）通过研究国内 PPP 项目 16 个失败案例，指出 PPP 项目失败的关键性原因在于政府信用风险。在此基础上，李婷（2016）汇总分析 17 个 PPP 项目失败案例，针对政府信用风险的影响因素分析总结，并提出建议降低信用风险的建议。

虽然大多数学者在研究政治风险时，以政府信用风险为研究主题，实际上 PPP 项目政治风险涉及的因素不仅仅是政府信用问题。宋金波（2014）指出公众反对、政府履约不力、政府征用、项目公司违规、政策法规变动以及同类项目竞争是 PPP 项目提前终止的关键因素。周正祥（2015）认为，PPP 项目实施中面临的主要问题在于信用缺失、法规不健全，利益分配、政府监管、定价机制不完善。杜亚灵（2020）专门研究了 PPP 项目中和政治有关的不可抗力问题发生时的风险分担问题。因此，PPP 项目政治风险包括信用风险、法律法规、不可抗力等多个方面的风险。

综上可知，很少有学者专门从政治风险的角度研究 PPP 项目风险，所以对 PPP 项目政治风险进行深入研究意义重大。本文采用解释结构模型和层次分析法，利用定性与定量相结合的方法，分析 PPP 项目政治风险影响因素的内部关联性和权重，确定关键风险因素，有利于政府部门和社会资本更全面地掌握 PPP 项目的政治风险，为 PPP 项目政治风险的防控提供依据。

二、PPP 项目政治风险因素识别

识别 PPP 项目政治风险因素，主要从客观存在的政治风险和可能存在的政治风险两个方面。通过梳理国内外文献以及 PPP 项目案例中政治风险的表现形式，结合专家调查，总结出了 PPP 项目政治风险中主要涉及的 17 个影响因素，如表 1 所示。

表 1　PPP 项目政治风险因素识别初步清单

风险因素	风险因素说明
地方政府不执行上级任务 A_1	相关政策中央已经批准，但地方政府不支持或不积极执行
政府资金补贴 A_2	政府拒绝承担款项的付费；或者 PPP 项目实际收益未达到预期收益，可行性缺口补助不及时甚至不进行补偿，民营企业承担经营损失

续表

风险因素	风险因素说明
终止合同A_3	由于政府发生违约事件在一定期限内未补救的，项目公司主张终止合同；或者政府方在项目期限内终止PPP项目公司的特许经营权
政府换届A_4	政府换届和领导人的更替，影响PPP项目政府与私人企业的合作伙伴关系
政府官员腐败A_5	由于政府体制不透明，个别官员素质不高导致项目招标不公平，以及不按照规矩办事，对项目造成影响
配套设施服务A_6	项目的相关基础设施配置不到位，导致项目工期延误，项目不能正常运营
中央政府国有化A_7	当宏观政策调整时，政府出于自身利益考虑，在特许经营期没有结束情况下，采取国有化策略没收PPP项目
项目竞争性或唯一性A_8	政府或其他投资人新建或者改建其他项目，对该项目形成实质性商业竞争，导致市场需求减少、收益下降形成的风险
政府办事效率低下A_9	项目涉及的政府部门较多，审批流程复杂，政府办事效率低导致项目运营成本增加
收费变更A_{10}	政府强制规定或调整收费标准，导致PPP项目提供的服务价格过高或者过低，项目公司的运营收入达不到预期的标准
限制原料供给等过度干预A_{11}	政府限制原材料供给影响项目的完工与正常运营
税收政策调整A_{12}	由于国家宏观政策调整需要引起PPP项目税收政策变更，对PPP项目的资本结构和利润造成负面影响
国家政策法规不稳定连续A_{13}	当前没有专门针对PPP项目的立法，PPP项目的法律法规存在随时变更的可能性
国家外汇政策变更A_{14}	政府对外汇的管制，降低了货币的可兑换性，影响项目公司的债务结构
战争影响A_{15}	国内或国际战争导致项目终止、给项目造成的重大损失或延迟项目的正常交付使用
人为事件A_{16}	工人罢工、人为破坏或者社会公众及其他部门对项目的反对等造成重大损失
政局稳定A_{17}	国内或国际政治局面不稳定，导致经济环境恶化，引起相关政策的变化，给项目造成损失

三、政治风险因素关联性分析

解释结构模型是一种能够把复杂系统分解成多种要素，并通过构建关系结构模型将各要素的关系直观展现出来的方法。本文中根据各风险因素之间的二元关系，按照一定的规则变换为相应的邻接矩阵，并将邻接矩阵转换为可达矩阵，然后按照层级对可达矩阵进行分解，构建多级递阶的结构模型，解释结构模型可以直观反映政治风险影响因素的层级关系和关联性，有助于分析政治风险影响因素时抓住问题的本质。

（一）政治风险因素关系结构

通过对 PPP 项目政治风险 17 个影响因素的确定，采用专家调查法来比较分析各个因素的二元关系，建立 PPP 项目政治风险因素关系结构表，如表 2 所示。

表 2　　PPP 项目政治风险因素关系结构

代号	风险因素	受其影响风险因素
A_1	地方政府不执行上级任务	A_2，A_6，A_9，A_{11}，A_{16}
A_2	政府资金补贴	A_3，A_{16}
A_3	终止合同	A_{16}
A_4	政府换届	A_{12}，A_{13}，A_{17}
A_5	政府官员腐败	A_1，A_2，A_3，A_4，A_6，A_{10}，A_{16}，A_{17}
A_6	项目配套设施服务	A_3，A_{10}
A_7	中央政府国有化	A_3，A_9，A_{10}，A_{16}
A_8	项目竞争性或唯一性	A_3，A_{10}
A_9	政府办事效率低下	A_2，A_6，A_{16}
A_{10}	收费变更	A_{16}
A_{11}	限制原料供给等过度干预	A_3，A_{16}
A_{12}	税收政策调整	A_2，A_{10}，A_{16}
A_{13}	政策法规不稳定连续	A_2，A_{10}，A_{12}

续表

代号	风险因素	受其影响风险因素
A_{14}	国家外汇政策变更	A_{10}
A_{15}	战争影响	A_2，A_3，A_6，A_{10}
A_{16}	人为事件	A_2，A_3，A_6
A_{17}	政治稳定	A_1，A_2，A_3，A_6，A_{13}，A_{14}，A_{16}

（二）构建 ISM 模型

1. 建立邻接矩阵

邻接矩阵表示的是各风险因素之间的直接关系。根据风险因素之间的关系结构，利用邻接矩阵 $A' = (a_{ij})_{17\times17}(i,j = 1,2,3,\cdots,17)$ 表示风险因素之间的二元关系。

$$a_{ij} = \begin{cases} 1, & A_i \text{ 对 } A_j \text{ 有直接影响，且 } A_i \text{ 对 } A_j \text{ 的直接影响大于 } A_j \text{ 对 } A_i \text{ 的直接影响} \\ 0, & A_i \text{ 与 } A_j \text{ 无直接影响，或 } A_i \text{ 对 } A_j \text{ 的直接影响小于 } A_j \text{ 对 } A_i \text{ 的直接影响} \end{cases}$$

由此得到 PPP 项目政治风险的邻接矩阵 A'，该矩阵表明了 PPP 项目政治风险因素之间的直接关系。

$$A' = \begin{vmatrix}
0 & 1 & 0 & 0 & 0 & 1 & 0 & 0 & 1 & 0 & 1 & 0 & 0 & 0 & 0 & 1 & 0 \\
0 & 0 & 1 & 0 & 0 & 0 & 0 & 0 & 0 & 0 & 0 & 0 & 0 & 0 & 0 & 1 & 0 \\
0 & 0 & 0 & 0 & 0 & 0 & 0 & 0 & 0 & 0 & 0 & 0 & 0 & 0 & 0 & 1 & 0 \\
0 & 0 & 0 & 0 & 0 & 0 & 0 & 0 & 0 & 0 & 0 & 1 & 1 & 0 & 0 & 0 & 1 \\
1 & 1 & 1 & 1 & 0 & 1 & 0 & 0 & 0 & 1 & 0 & 0 & 0 & 0 & 0 & 1 & 1 \\
0 & 0 & 1 & 0 & 0 & 0 & 0 & 0 & 0 & 1 & 0 & 0 & 0 & 0 & 0 & 0 & 0 \\
0 & 0 & 1 & 0 & 0 & 0 & 0 & 0 & 1 & 1 & 0 & 0 & 0 & 0 & 0 & 1 & 0 \\
0 & 0 & 1 & 0 & 0 & 0 & 0 & 0 & 0 & 1 & 0 & 0 & 0 & 0 & 0 & 0 & 0 \\
0 & 1 & 0 & 0 & 0 & 1 & 0 & 0 & 0 & 0 & 0 & 0 & 0 & 0 & 0 & 1 & 0 \\
0 & 0 & 0 & 0 & 0 & 0 & 0 & 0 & 0 & 0 & 0 & 0 & 0 & 0 & 0 & 1 & 0 \\
0 & 0 & 1 & 0 & 0 & 0 & 0 & 0 & 0 & 0 & 0 & 0 & 0 & 0 & 0 & 1 & 0 \\
0 & 1 & 0 & 0 & 0 & 0 & 0 & 0 & 0 & 1 & 0 & 0 & 0 & 0 & 0 & 1 & 0 \\
0 & 1 & 0 & 0 & 0 & 0 & 0 & 0 & 0 & 1 & 0 & 1 & 0 & 0 & 0 & 0 & 0 \\
0 & 0 & 0 & 0 & 0 & 0 & 0 & 0 & 0 & 1 & 0 & 0 & 0 & 0 & 0 & 0 & 0 \\
0 & 1 & 1 & 0 & 0 & 1 & 0 & 0 & 0 & 1 & 0 & 0 & 0 & 0 & 0 & 0 & 0 \\
0 & 1 & 1 & 0 & 0 & 1 & 0 & 0 & 0 & 0 & 0 & 0 & 0 & 0 & 0 & 0 & 0 \\
1 & 0 & 1 & 0 & 0 & 1 & 0 & 0 & 0 & 0 & 0 & 0 & 1 & 1 & 0 & 1 & 0
\end{vmatrix}$$

2. 计算可达矩阵

可达矩阵是用来描述有向连接图各节点之间，经过一定长度的通路后可以到达的程度，并用矩阵的形式表达出来，即一个元素经过一定节点，通过一定的路径影响到另一个元素，表示的是各风险因素之间的间接关系。根据可达矩阵的定义，将邻接矩阵 A 与单位矩阵 I 相加，运用布尔代数运算法则，通过 MATLAB 计算求得 $(A'+I) \neq (A'+I)^2 \neq \cdots \neq (A'+I)^{r-1} \neq (A'+I)^r = (A'+I)^{r+1} = M$，其中，$I$ 是单位矩阵，布尔代数运算的逻辑加运算规则为：$0+0=0$，$0+1=1$，$1+0=1$，$1+1=1$，布尔代数运算的逻辑乘运算规则为 $0\times0=0$，$0\times1=0$，$1\times0=0$，$1\times1=1$，M 是可达矩阵。

$$
M=\begin{vmatrix}
1 & 1 & 1 & 0 & 0 & 1 & 0 & 0 & : & 1 & 1 & 0 & 0 & 0 & 0 & 1 & 0 \\
0 & 1 & 1 & 0 & 0 & 1 & 0 & 0 & 0 & 1 & 0 & 0 & 0 & 0 & 0 & 1 & 0 \\
0 & 1 & 1 & 0 & 0 & 1 & 0 & 0 & 0 & 1 & 0 & 0 & 0 & 0 & 0 & 1 & 0 \\
1 & 1 & 1 & 1 & 0 & 1 & 0 & 0 & : & 1 & 1 & 1 & 1 & 1 & 0 & 1 & 1 \\
1 & 1 & 1 & 1 & 1 & 1 & 0 & 0 & : & 1 & 1 & 1 & 1 & 1 & 0 & 1 & 1 \\
0 & 1 & 1 & 0 & 0 & 1 & 0 & 0 & 0 & 1 & 0 & 0 & 0 & 0 & 0 & 1 & 0 \\
0 & 1 & 1 & 0 & 0 & 1 & 1 & 0 & : & 1 & 0 & 0 & 0 & 0 & 0 & 1 & 0 \\
0 & 1 & 1 & 0 & 0 & 1 & 0 & 1 & 0 & 1 & 0 & 0 & 0 & 0 & 0 & 1 & 0 \\
0 & 1 & 1 & 0 & 0 & 1 & 0 & 0 & : & 1 & 0 & 0 & 0 & 0 & 0 & 1 & 0 \\
0 & 1 & 1 & 0 & 0 & 1 & 0 & 0 & 0 & 1 & 0 & 0 & 0 & 0 & 0 & 1 & 0 \\
0 & 1 & 1 & 0 & 0 & 1 & 0 & 0 & 0 & 1 & 0 & 1 & 0 & 0 & 0 & 1 & 0 \\
0 & 1 & 1 & 0 & 0 & 1 & 0 & 0 & 0 & 1 & 0 & 1 & 0 & 0 & 0 & 1 & 0 \\
0 & 1 & 1 & 0 & 0 & 1 & 0 & 0 & 0 & 1 & 0 & 1 & 1 & 0 & 0 & 1 & 0 \\
0 & 1 & 1 & 0 & 0 & 1 & 0 & 0 & 0 & 1 & 0 & 0 & 0 & 1 & 0 & 1 & 0 \\
0 & 1 & 1 & 0 & 0 & 1 & 0 & 0 & 0 & 1 & 0 & 0 & 0 & 0 & 1 & 1 & 0 \\
0 & 1 & 1 & 0 & 0 & 1 & 0 & 0 & 0 & 1 & 0 & 0 & 0 & 0 & 0 & 1 & 0 \\
1 & 1 & 1 & 0 & 0 & 1 & 0 & 0 & : & 1 & 1 & 1 & 1 & 1 & 0 & 1 & 1
\end{vmatrix}
$$

可达矩阵 M 中的元素 m_{ij} 表示 A_j 与 A_i 之间是否可达，即，$a_{ij} = \begin{cases} 1\ ,A_i \text{ 到} A_j \text{ 路径可达} \\ 0\ ,A_i \text{ 到} A_j \text{ 路径不可达} \end{cases}$

3. 进行区域划分与层级划分

区域划分是根据风险要素是否联通，风险要素之间的关联性，把整个政治风险因素系统划分为几个部分。首先根据可达矩阵找出可达集 $R(A_i)$，表示由可达矩阵第 i 行中所有矩阵元素为 1 的列所对应的风险因素构成的集合；然后找出先行集 $A(A_i)$，表示由可达矩阵 M 第 i 列中所有矩阵元素为 1 的行所对应的风险因素构成的集合。令 $R(A_i) \cap A(A_i) = C(A_i)$，如果 $C(A_i) \neq \varnothing$，表示存在风险因素A_i和A_j为共同集合中的要素，A_i和A_j属于同一区域，否则就属于不同连通区域。

层级划分是将所有风险因素划分为不同层级的过程。首先找到最高层级的要素，如果 $C(A_i) = R(A_i)$，则A_i是终止集，风险因素A_i属于第一层级集合中的因素，第一层级风险因素分析如表3所示。然后从系统中除去第一层级集合中的因素，再从剩余因素中找到第二层级集合，以此类推，得到每个风险因素的层级划分情况。

表3　　第一层级风险因素划分

A_i	可达集 $R(A_i)$	先行集 $A(A_i)$	$C(A_i)$
1	1，2，3，6，9，10，11，16	1，4，5，17	1
2	2，3，6，10，16	1－17	$R(A_2)$
3	2，3，6，10，16	1－17	$R(A_3)$
4	1，2，3，4，6，9－14，16，17	4，5	4
5	1－6，9－14，16，17	5	$A(A_5)$
6	2，3，6，10，16	1－17	$R(A_6)$
7	2，3，6，7，9，10，16	7	$A(A_7)$
8	2，3，6，8，10，16	8	8
9	2，3，6，9，10，16	1，4，5，7，9，17	9
10	2，3，6，10，16	1－17	$R(A_{10})$
11	2，3，6，10，11，16	1，4，5，11，17	11
12	2，3，6，10，12，16	4，5，12，13，17	12
13	2，3，6，10，12，13，16	4，5，13，17	13
14	2，3，6，10，14，16	4，5，14，17	14
15	2，3，6，10，15，16	15	$A(A_{15})$
16	2，3，6，10，16	1－17	$R(A_{16})$
17	1，2，3，6，9，10，11，12，13，14，16，17	4，5，17	17

根据层级划分，第一层风险因素集合为｛A_2，A_3，A_6，A_{10}，A_{16}｝，第二层风险因素的集合为｛A_8，A_9，A_{11}，A_{12}，A_{14}，A_{15}｝，第三层风险因素的集合为｛A_1，A_7，A_{13}｝，第四层风险因素的集合为｛A_{17}｝，第五层风险因素的集合为｛A_4｝，第六层风险因素集合为｛A_5｝。

4. 建立 ISM 模型

利用可达矩阵和层级划分构建出政治风险因素的解释结构模型，如图 1 所示。17 个政治风险因素构成了一个 6 层级的解释结构模型，箭头的指向表示影响路径。该模型整体上呈现出倒三角的形状，层级越低的因素对政治风险的影响越具体，数量较多，层级越高的因素对政治风险的影响越宏观，数量较少，下一层级的关键因素会从下往上阶层性的影响上一级层级结构中的因素。该模型较为系统、详细地解释了 PPP 项目政治风险因素之间的关联性与层次结构。

（三）关联性分析

从图 1 可以看出，PPP 项目政治风险因素构成了一个多层递阶结构体系，根据 6 个层级风险因素对政治风险影响的直接程度可以分为直接因素、间接因素和深层因素三个模块。直接因素的影响最为具体，是政治风险的表现形式，深层因素的影响最为宏观，是形成政治风险的根本原因。

1. 直接因素

直接因素主要包括政府资金补贴、终止合同、配套设施服务、收费变更、人为事件 5 种风险；间接因素和深层因素的发生都可能导致直接因素的形成和加剧。在政治风险系统中，直接因素的驱动力最小，但发生的频率最大，对 PPP 项目造成最为直接的影响。

2. 间接因素

间接因素包含的风险因素子集数量最多，一共有 9 个，这些风险因素既受深层因素的影响，也会对直接因素中的风险集造成影响。间接因素模块中，第 2 阶层每一种风险都会对第 1 阶层中所有风险子集造成直接影响，因此，可以通过防控间接因素来控制直接因素所导致的 PPP 项目政治风险。

3. 深层因素

政府官员腐败、政府换届以及政治稳定构成了 PPP 项目政治风险深层次的风险因素集合，对政治风险系统产生宏观的影响，也是最难防控的一类风险。深层因素对其他风险因素的形成会产生重要影响，深层因素中政府官员腐败是最关键的因素，可以对另外两种风险因素的形成产生直接影响。

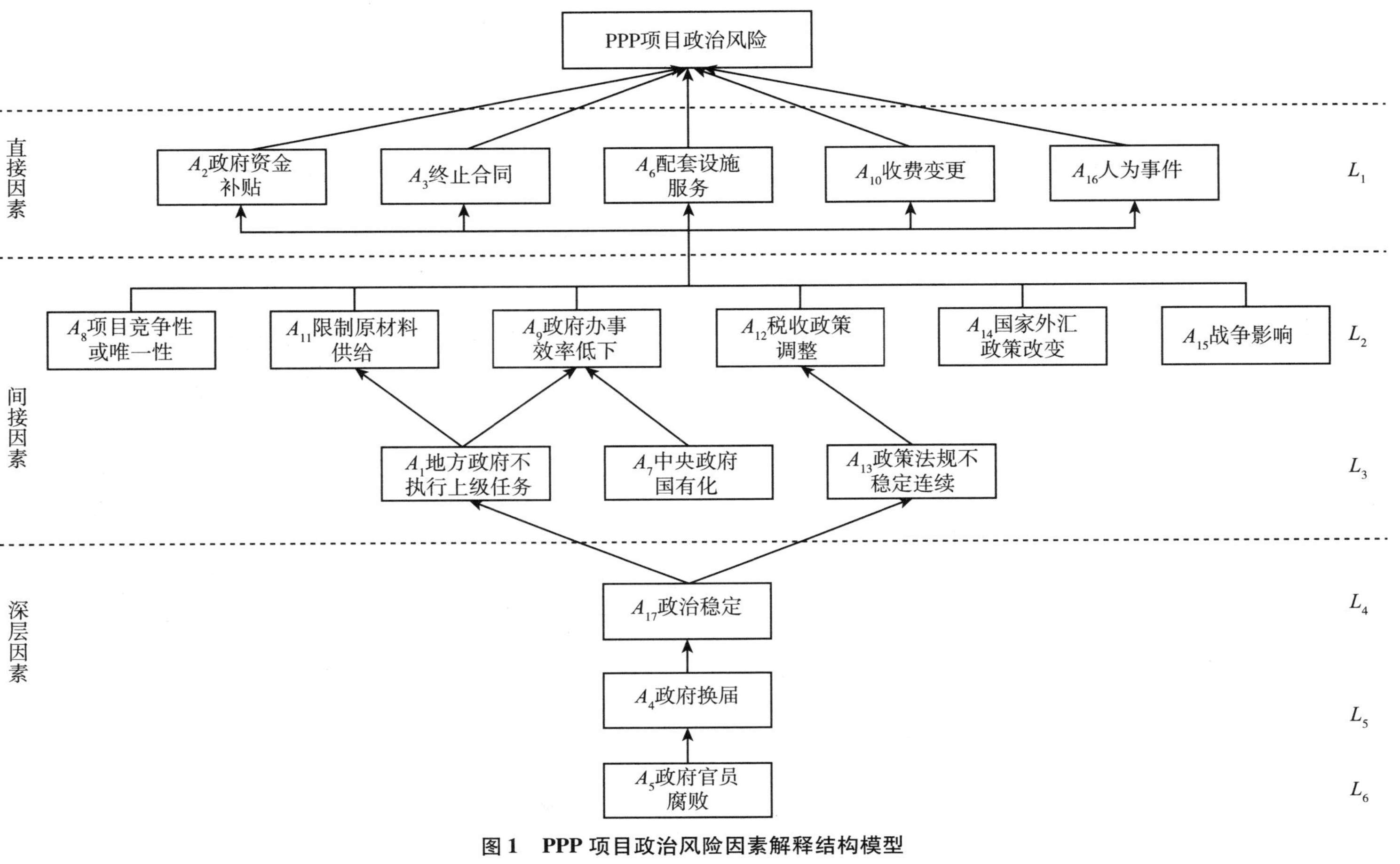

图1 PPP项目政治风险因素解释结构模型

四、政治风险因素权重分析

解释结构模型对 PPP 项目政治风险因素进行了定性分析，从模型中可以看到，政治风险影响因素关系复杂，虽然解释结构模型厘清了政治风险因素的层级与关联性，但不能确定各风险因素的权重。在此基础上采用层次分析法对 PPP 项目政治风险因素进行量化评估，可以进一步得出各风险因素的影响力。

（一）建立层次结构模型

在总结现有文献的基础上，根据 PPP 项目政治风险的表现形式，层次分析法首先将复杂的政治风险影响因素系统划分为政府信用风险、政府行为风险、政策法律变更风险、不可抗力因素导致的风险 4 个方面。政府信用风险包括地方政府不执行上级任务、政府资金补贴、终止合同、政府换届、政府官员腐败、配套设施服务；政府行为风险包括中央政府国有化、项目竞争性或唯一性、政府办事效率低下、收费变更、限制原材料供给等过度干预；政策法律变更风险包括税收政策调整、国家政策法规不稳定连续、国家汇率政策变更；不可抗力因素导致的风险包括战争影响、人为事件、政局稳定。

建立如图 2 所示的政治风险指标体系，该模型的机构主要包括三层，目标层是 PPP 项目政治风险，准则层包括 PPP 项目政治风险的 4 种表现形式，子准则层包括 17 种风险因素。

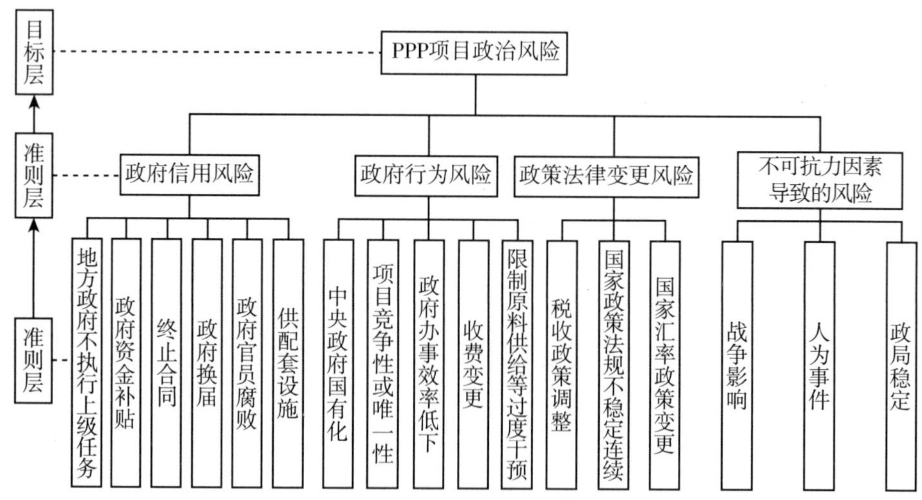

图 2　PPP 项目政治风险层次结构模型

（二）专家打分并构造判断矩阵

判断矩阵表示对于目标层或准则层来说，与本层次要素相关的下一层各要素两两对比的相对重要性。在本文的层次结构模型中，用 O 表示目标层，B_i 表示准则层要素，A_i 表示子准则层要素，a_{ij} 表示相对于准则层要素 B_i，子准则层风险要素 A_i 与 A_j 进行比较的相对重要程度，b_{ij} 表示相对于目标层 O，准则层要素 B_i 与 B_j 进行比较的相对重要程度。各要素之间的相对重要程度用 9 种标度来表示，如表 4 所示。邀请 10 位 PPP 专家根据表 4 的评分原则，通过比较各要素两两间相对重要程度进行打分（a_{ij} 表示风险要素 A_i 相对于风险要素 A_j 的重要程度的得分；$\frac{1}{a_{ij}}$ 表示风险要素 A_j 相对于风险要素 A_i 的重要程度的得分；b_{ij} 表示准则层要素 B_i 相对于要素 B_j 的得分）并对各指标数据求平均值，作为最终评分。

表 4　　1～9 标度法

相对重要程度 a_{ij}	定义	解释
1	同等重要	目标 i 和目标 j 同样重要
3	略微重要	目标 i 比目标 j 略微重要
5	相当重要	目标 i 比目标 j 重要
7	明显重要	目标 i 比目标 j 明显重要
9	绝对重要	目标 i 比目标 j 绝对重要
2，4，6，8	介于两相邻重要程度间	

（三）计算权向量并做一致性检验

第一步：根据判断矩阵，计算与准则层各要素相关的子准则层各风险因素的权值。记 $A=(a_{ij})_{n\times n}$，A 为风险因素 A_1，…，A_n 相应于准则层要素 B_i 的判断矩阵；$B=(b_{ij})_{m\times m}$，B 为风险因素 B_1，…，B_m 相应于目标层 O 的判断矩阵。

第二步：记判断矩阵 A 的最大特征值为 $\lambda_{\max}$，属于 $\lambda_{\max}$ 的标准化特征向量为 $w=(w_1,\cdots,w_n)^T$，则 w_1，…，w_n 为风险因素 A_1，…，A_n 相应于因素 B_i 的权重大小。对于该判断矩阵的最大特征值和标准化特征向量，一般用线性代数方法计算，此处从实用的角度出发，采用方根法进行近似计算。

（1）计算 n 阶矩阵 A 特征向量的第 i 个分量 w_i，首先求出 $\bar{w}_i$。

$$\bar{w}_i=\sqrt[n]{\prod_{j=1}^{n}a_{ij}}\,(i=1,\cdots,n)$$

然后将 $\bar{w}_i$规范化，得到w_i，w_i即为子准则层风险因素相对于准则层有关因素的权重。

$$w_i = \frac{\bar{w}_i}{\sum_{i=1}^{n} \bar{w}_i} \quad (i = 1, \cdots, n)$$

（2）求矩阵 A 的最大特征值λ_{max}。

$$\lambda_{max} = \sum_{i=1}^{n} \frac{\sum_{j=1}^{n} a_{ij} w_j}{n w_i}$$

第三步：计算一致性指标并检验。矩阵 A 中的分数是通过成对风险因素比较，主观打分给定的，因此避免不了出现判断上的不一致性。允许出现不一致情况，但是需要在容许的不一致的范围中，所得的权重向量才能用来决策。因而利用一致性指标来进行检验，度量不同判断矩阵是否具有满意的一致性。

首先求出一致性指标 $CI = \frac{\lambda_{max} - n}{n - 1}$，当 $CI = 0$ 时，可以认为判断矩阵完全具有满意的一致性；CI 越接近于 0 时，满意的一致性越高，CI 越大，不一致性越严重。因此为了度量不同判断矩阵是否具有满意的一致性，引入平均随机一致性指标 RI，其中 RI 是判断矩阵的平均随机一致性指标，对于 1 ~9 阶的判断矩阵，RI 的值如表 5 所示。

表 5　　随机一致性指标 *RI*

n	1	2	3	4	5	6	7	8	9	10	11
RI	0	0	0. 58	0. 90	1. 12	1. 24	1. 32	1. 41	1. 45	1. 49	1. 51

然后计算随机一致性比率 $CR = CI/RI$。

通常 $CR \leqslant 0.1$ 是，可以认为判断矩阵具有满意的一致性，否则需要对判断矩阵进行调整，使满足 $CR \leqslant 0.1$，从而满足满意的一致性。

（四）计算政治风险影响因素权重并分析

邀请 5 位专家打分，比较风险因素之间的相对重要性进行打分，将打分结果的算术平均值作为每两个风险因素的相对重要性的最终得分，运用 MATLAB 求得最大特征值及其对应的单位化特征向量，并进行一致性检验（见表 6）。

表 6　　判断矩阵、一致性检验

矩阵	特征值							特征向量	一致性检验
判断矩阵 B	B	B_1	B_2	B_3	B_4				$\lambda_{max}=4.0069$ $CI=0.0023$ $RI=0.90$ $CR=0.0026<0.1$
	B_1	1	12/5	27/5	34/5			0.5668	
	B_2	5/12	1	12/5	16/5			0.2472	
	B_3	5/27	5/12	1	8/5			0.1097	
	B_4	5/34	5/16	5/8	1			0.0762	
判断矩阵 B_1	B_1	A_1	A_2	A_3	A_4	A_5	A_6		$R=6.4345$ $\lambda_{max}=6.4345$ $CI=0.0869$ $RI=1.24$ $CR=0.0701<0.1$
	A_1	1	1	11/5	16/5	5/14	14/5	0.1691	
	A_2	1	1	9/5	13/5	5/17	3	0.1546	
	A_3	5/11	5/9	1	9/5	1/7	8/5	0.0851	
	A_4	5/16	5/13	9/5	1	5/24	5/9	0.0729	
	A_5	14/5	17/5	7	24/5	1	8	0.4534	
	A_6	5/14	1/3	5/8	9/5	1/8	1	0.0649	
判断矩阵 B_2	B_2	A_7	A_8	A_9	A_{10}	A_{11}			$\lambda_{max}=5.3068$ $CI=0.0767$ $RI=1.12$ $CR=0.0685<0.1$
	A_7	1	5/28	5/26	5/14	5/16		0.0499	
	A_8	28/5	1	9/5	17/5	3		0.3858	
	A_9	26/5	5/9	1	18/5	3		0.3088	
	A_{10}	14/5	5/17	1/2	1	11/5		0.1490	
	A_{11}	16/5	1/3	1/3	5/11	1		0.1065	
判断矩阵 B_3	B_3	A_{12}	A_{13}	A_{14}					$\lambda_{max}=3.0394$ $CI=0.0197$ $RI=0.58$ $CR=0.0340<0.1$
	A_{12}	1	5/13	23/5				0.2943	
	A_{13}	13/5	1	33/5				0.6277	
	A_{14}	5/23	5/33	1				0.0780	
判断矩阵 B_4	B_4	A_{15}	A_{16}	A_{17}					$\lambda_{max}=3.0126$ $CI=0.0063$ $RI=0.58$ $CI=0.0109<0.1$
	A_{15}	1	5/28	5/36				0.0711	
	A_{16}	28/5	1	5/9				0.3560	
	A_{17}	36/5	9/5	1				0.5729	

由表 7 可得，在 PPP 项目政治风险层次分析框架中，政府信用风险为最关键的风险指标，其权重为 0.5668，在准则层中占比超过了总权重的一半；

其次是政府行为风险、政策法律变更风险，权重分别为0.2472和0.1097，在分析政治风险时也需要重点考虑；不可抗力因素导致的风险权重最低，仅为0.0762，虽然这类风险容易被忽视，但其造成的损失社会资本往往无力承担，因此不可抗力因素导致的风险也应引起重视。

表7　PPP项目政治风险因素综合权重排序

准则层	权重	子准则层	综合权重	排序
政府信用风险B_1	0.5668	地方政府不执行上级任务A_1	0.0958	2
		政府资金补贴A_2	0.0876	4
		终止合同A_3	0.0482	7
		政府换届A_4	0.0413	9
		政府官员腐败A_5	0.2570	1
		项目配套设施服务A_6	0.0368	11
政府行为风险B_2	0.2472	中央政府国有化A_7	0.0123	15
		项目竞争性或唯一性A_8	0.0954	3
		政府办事效率低下A_9	0.0763	5
		收费变更A_{10}	0.0368	10
		限制原材料供给等过度干预A_{11}	0.0263	14
政策、法律变更风险B_3	0.1097	税收政策调整A_{12}	0.0323	12
		政策法规不连续稳定A_{13}	0.0689	6
		国家外汇政策变更A_{14}	0.0086	16
不可抗力因素导致的风险B_4	0.0762	战争影响A_{15}	0.0054	17
		人为事件A_{16}	0.0271	13
		政局稳定A_{17}	0.0437	8

层次分析法计算得出了所有政治风险因素的综合权重，其中综合权重超过0.2的只有政府官员腐败一种风险因素，没有综合权重在0.1~0.2之间的风险因素，也进一步说明了政府官员腐败风险在风险体系中的重要性。综合权重在0.05~0.1的包括地方政府不执行上级任务、项目竞争性或唯一性、政府资金补贴、政府办事效率低下、政策法规不连续稳定5种风险因素。这6种风险因素在PPP项目政治风险体系中综合权重最大。

五、结论与政策建议

本文基于解释结构模型和层次分析法，采用定性与定量相结合的方法，首先对 PPP 项目政治风险影响因素的复杂关系进行了分析，建立了 PPP 项目政治风险解释结构模型，得到了政治风险影响因素的层级关系和传导路径。其中政府资金补贴、终止合同、配套设施服务、收费变更、人为事件是直接造成 PPP 项目政治风险的 5 种风险因素。

然后利用层次分析法进行定量分析，算出了政治风险影响因素的权重和排序，使得各风险因素的重要性更加明晰。其中政府官员腐败、地方政府不执行上级任务、项目竞争性或唯一性、政府资金补贴、政府办事效率低下、政策法规不连续稳定这 6 种风险因素的综合权重最大。在对政治风险进行防控时，应该重点关注这 6 种风险因素。结合解释结构模型和层次分析法，既能直观地看到各风险因素之间的复杂关系和层次结构，又能得到每一个风险因素的权重和排序，提高了分析的准确性和可靠性。基于以上结论，本文提出以下政策建议：

一是加强政府信用建设。在 PPP 项目参与主体中，政府部门处于主导地位，政府信用风险是政治风险中最重要的影响因素，同时政府部门对政治风险的控制力远远强于社会资本，所以政府部门应该加强自身建设，为 PPP 项目营造清正廉洁的政治环境。

二是健全法律保障体系。将 PPP 项目生命周期的各个环节纳入法制当中，制定专门的 PPP 项目法律、法规，对 PPP 项目的管理加以规范，对政府的信用与行为形成约束，形成规范的 PPP 项目法律保障体系。从而进一步减少终止合同、政府补贴不到位、收费变更等政治风险因素对项目造成的不利影响，降低政治风险，维护政府部门和社会资本的利益。

三是建立政治风险分担机制。尽管政治风险受人为因素的影响较大，通过加强政府信用建设和健全法律保障体系可以有效实现对政治风险的事前控制。但是政治风险具有不可预测性，风险发生时导致增加的成本部分需要在参与主体间进行合理的分担。因此政府部门有必要建立政治风险分担机制，充分考虑政府部门与社会资本的利益分配与风险分担，更好地实现对政治风险的控制。

参考文献

[1] 姚明来，王艳伟，刘秦南，饶碧玉．基于全生命周期理论的公共基础设施 PPP 项目风险动态评价 [J]．工程管理学报，2017，31 (4)：65－70.

[2] Esther Cheung and Albert P. C. Chan. Risk Factors of Public-Private Partnership Projects

in China: Comparison between the Water, Power, and Transportation Sectors [J]. Journal of Urban Planning and Development, 2011, 137 (4): 409-415.

[3] 蔡浩. 政府失信成为PPP模式"拦路虎" [N]. 中国经济导报, 2015-09-11 (B02).

[4] 王晓姝, 范家瑛. 交通基础设施PPP项目中的关键性风险识别与度量 [J]. 工程管理学报, 2016, 30 (4): 57-62.

[5] 李基凯. PPP项目中政府信用风险影响因素研究 [J]. 项目管理技术, 2018, 16 (5): 35-40.

[6] 亓霞, 柯永建, 王守清. 基于案例的中国PPP项目的主要风险因素分析 [J]. 中国软科学, 2009 (5).

[7] 李婷. 基于案例的PPP项目政府信用风险研究 [J]. 内蒙古科技与经济, 2016 (16): 15-19.

[8] 宋金波, 常静, 靳璐璐. BOT项目提前终止关键影响因素——基于多案例的研究 [J]. 管理案例研究与评论, 2014, 7 (1): 86-95.

[9] 周正祥, 张秀芳, 张平. 新常态下PPP模式应用存在的问题及对策 [J]. 中国软科学, 2015 (9): 82-95.

[10] 杜亚灵, 查彤彤, 刘丹. 兼顾原则性与灵活性的PPP项目风险分担 [J/OL]. 工程管理学报: 1-5 [2020-06-03]. https://doi.org/10.13991/j.cnki.jem.2020-02-21.

[11] Ameyaw and Albert P. C. Chan, 2015, "Risk ranking and analysis in PPP water supply infrastructure projects: An international survey of industry experts", Facilities, 337/8: 428-453.

[12] 任志涛, 武继科, 谷金雨. 基于系统动力学的PPP项目失败风险因素动态反馈分析 [J]. 工程管理学报, 2016, 30 (4): 51-56.

[13] 张智鸿, 钟姗姗. 基于文献分析的PPP项目风险因子识别与权重确定方法 [J]. 价值工程, 2019, 38 (30): 209-212.

[14] 熊凯, 王艳伟, 周钰, 周镇浩, 韩晓庆. 基于综合集成法和因子分析法的基础设施PPP项目风险研究 [J]. 武汉理工大学学报 (信息与管理工程版), 2020, 42 (2): 103-108.

[15] 向鹏成, 刘丹. 基于ISM的高速铁路工程项目风险关系分析 [J]. 世界科技研究与发展, 2016, 38 (2): 409-414.

[16] 白思俊, 系统工程 [M]. 2版. 北京: 电子工业出版社, 2009.

作者单位：中南财经政法大学财政税务学院

The Political Risk of PPP

—Based on ISM and AHP Analysis

Mei Jianming　Mei Huiyang

Abstract: Based on interpretative structural model (ISM) and analytic hierarchy process (AHP), this paper studies the correlation and weight of political risk factors in PPP projects. Firstly, by combing the political risk factors of PPP projects, the preliminary list of political risk identification of PPP projects is obtained. Then, it uses interpretative structural model (ISM) to reveal the relevance and hierarchical structure of the influencing factors of political risk in PPP projects. Finally, the analytic hierarchy process (AHP) is used for quantitative analysis, and the judgment matrix is constructed and the consistency test is conducted. The comprehensive weight of 17 political risk factors is obtained and sorted. The results show that among the influencing factors of political risk, the corruption of government officials, the failure of local governments to perform superior tasks, the competitiveness or uniqueness of projects, government funding subsidies, low efficiency of government affairs, and the discontinuity and stability of policies and regulations are the most important factors. The corruption of government officials is the most deep risk factor of political risk in PPP projects.

Key words: Political Risk of PPP; Interpretive Structural Model (ISM); Relevance; Analytic Hierarchy Process (AHP); Weight

中国县域制造业高质量发展指数研究*

王玉燕　卢山山

摘　要： 在全球产业大变革和国内经济迈入高质量发展阶段等背景下，中国县域制造业高质量发展评价问题显得尤为重要。本文通过对当前国内外新环境的把握，梳理中国县域制造业发展研究新进展，构造囊括规模效益、创新能力、结构优化与绿色发展等四大要素的中国县域制造业高质量发展评价体系，并借助专家打分法和 FAHP 方法，计算相应指标权重，设计编制中国县域制造业高质量发展指数（CIMHDI），对新时代推动中国制造业高质量发展具有重要作用。

关键词： 新时代；县域制造业；高质量发展指数；模糊层次分析法

一、引言

党的十九大报告指出，我国经济已迈入高质量发展阶段，必须加快推动经济发展质量变革、效率变革、动力变革。制造业是国民经济的主体，是立国之本、强省之器、富民之基，决定着实体经济发展的命脉。而新一代信息技术与制造业深度融合导致全球产业竞争格局发生重大调整，导致制造业面临多方面压力，在新一轮发展中面临巨大挑战。县级区域占全国面积的 90% 以上，县域制造业是中国制造体系的重要组成部分，提升县域制造业高质量发展水平是扎实推进供给侧结构性改革的重要内容，也是新时代我国制造业高质量发展的重要内容。因此科学客观地综合评价我国县域制造业的发展状况，整体把握县域制造业高质量发展水平变化，能够为政府制定合理的县域制造业高质量发展政策提供依据，对推动新形势下我国制造业转型升级具有重要作用。

目前，已有学者对中国县域发展问题开展了大量研究，而对县域发展评价研究主要集中在县域综合评价以及县域经济竞争力评价两个方面。朱允卫和杨万江（2003）对县域综合竞争力的基本内涵进行科学界定，并从综合经济实力、自然优势与基础设施、综合服务能力、政府管理能力、产业与企业竞争力、农村与农户竞争力、人力资源与科技教育、发展活力与潜力、对外交流程

* 基金项目：安徽省哲学社会科学规划青年项目“创新驱动安徽省制造业高质量发展的机制、路径与对策研究”（项目编号：AHSKQ2019D105）。

度、社会保障与人民生活等 10 个方面构建县域综合竞争力评价模型。王颂吉等（2014）科学界定县域城乡发展一体化的内涵，并从城乡空间一体化、经济一体化以及社会一体化 3 个层面构建包含 18 个基础指标的县域城乡发展一体化水平评价指标体系。陈炎伟等（2019）设计出县域乡村振兴发展绩效评价指标体系对福建省乡村振兴绩效开展综合评价，并进行聚类分析。也有学者集中探讨县域经济竞争力评价问题。黄源湘和魏峰（2007）遵循完备性、可比性、代表性、可行性等原则，从发展水平、发展活力、发展潜力 3 个角度建立县域经济竞争力的评价体系，并采用因子分析法对安徽省各县经济竞争力进行了评价。而蔡坚和龙潭（2004）则仅从经济可持续发展的角度考察县域经济持续发展竞争力评价问题，并从自然优势力、综合经济实力、产业竞争力、企业竞争力等 10 个方面建立县域经济持续发展竞争力评价模型。唐石（2015）运用效益、基础、消费、结构、科技 5 个关键因素建构县域经济竞争力评价指标体系。齐昕等（2019）则建立县域经济韧性指标体系对浙江省县域经济韧性进行评价，并开展异质性分析。

关于制造业发展的评价问题，大部分学者还是集中全国层面，目前最新的研究是关于制造业新型化的评价。李廉水等（2015）首次从经济、科技、能源、环境和社会服务等 5 个维度构建出制造业“新型化”评价指标体系，并对中国制造业“新型化”程度进行了评价。李春梅（2019）从经济增长、对外开放、技术创新、高端发展、绿色发展等 8 个维度建立制造业高质量发展指标体系并开展评价。当然也有少部分学者开展区域制造业发展评价。赵丽等（2009）从经济、资源、环境、人口和成长五大可持续建立区域制造业可持续发展评价指标体系，并运用相关方法计算得出了各省份在五大方面的可持续指数和区域制造业可持续发展能力综合指数。李廉水等（2014）建立模型综合评价 2003～2011 年我国东、中、西部三大区域制造业综合发展能力，结果发现地区间制造业综合发展能力存在显著差异。当然也有少部分学者开展了区域层面的制造业发展评价研究。余红伟和胡德状（2015）通过建立评价体系化并运用三阶段 DEA 模型测算了 2013 年中国各省级区域的制造业质量竞争力，并剖析其影响因素。江小国等（2019）建立制造业高质量发展评价体系对中国 31 个省份进行评价，并剖析高质量发展水平变化及空间特征。

由此可知，国内对县域经济或中国制造业发展水平的研究取得了一定的进展，但研究对象主要是县域经济总体评价或区域制造业竞争力某一方面或某几方面的问题，真正对县域制造业发展水平整体系统研究的不多，几乎没有文献集中评价中国县域制造业高质量发展水平。考虑到县域自然条件、资源禀赋、历史基础和经济水平差距显著，影响制造业发展水平的各种因素的时空分布不平衡，且县域制造业高质量发展水平评价是一个全面的、复杂的过程，为此，本文尝试建立中国县域制造业高质量发展评价指标体系，并运用 FAHP 方法计算各指标相关权重，从而设计出编制中国县域制造业高质量发展指数（China's Intra-county Manufacturing High-quality Development Index，CIMHDI），为后续测算 CIMHDI 以及新形势下推动县域制造业的高质量发展提供帮助。

二、评价体系

在全球产业变革以及中国经济进入高质量发展阶段等背景下，根据创新驱动发展战略、供给侧结构性改革、《中国制造业 2025》等战略要求，以及我国县域制造业高质量发展的战略要素指标，遵循全面性、科学性、系统性、可比性和可操作性的原则（王玉燕，2014），设计与构建出包括规模效益、创新能力、结构优化以及绿色发展等四大类要素指标及其 22 项具体指标体系（见图 1）。

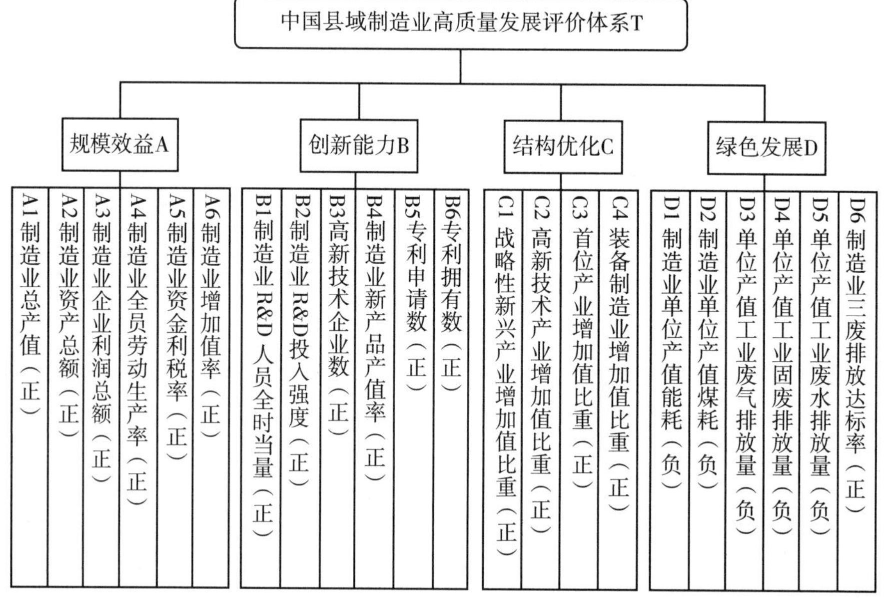

图 1　新时代中国县域制造业高质量发展评价指标体系

（1）规模效益。规模效益是县域制造业高质量发展的中心任务。制造业规模经济效益较为显著，能够为区域经济发展提供强大基础。《中国制造业 2025》也着重强调了质量效益对建设制造强国核心作用。为此从规模和效益两个角度分别刻画县域制造业规模效益。用制造业总产值 A1、制造业资产总额 A2 以及制造业企业利润总额 A3 衡量制造业规模水平。用制造业就业人员劳动生产率 A4、制造业资金利税率 A5 以及制造业增加值率 A6 代表区域制造业发展效益。

（2）创新能力。创新能力是县域制造业高质量发展的第一动力，是制造业发展水平提升潜力的表现。作为五大发展理念之首，创新必须贯穿于供给侧结构性改革的全过程。党的十九大报告指出，“创新是引领发展的第一动力，是建设现代化经济体系的战略支撑”，创新能力是制造业高质量发展的核心，是实现由“中国制造”向“中国创造”转变的核心关键。从创新投入与创新产出两个角度反映县域制造业创新能力。用制造业 R&D 人员全时当量 B1、制造业 R&D 投入强度 B2 以及高新技术企业数 B3 代表县域制造业创新投入。用制造业新产品产值率 B4、专利申请数 B5 以及专利拥有数 B6 代表县域制造业创新产出。

（3）结构优化。产业结构优化升级是县域制造业高质量发展的重要内容。发达国家的成长历史证明，经济持续健康发展的关键在于产业结构的不断优化和升级。《中国制造 2025》也指出，坚持把结构调整作为建设制造强国的关键环节，大力发展先进制造业，改造提升传统产业，推动生产型制造向服务型制造转变。从制造业内部构成来看，制造业中有一部分为高增长行业，如战略性新兴产业、高新技术产业。加快高增长行业的发展，提升该地区整个制造业的发展潜力，使区域表现出更强的竞争力，是政府、企业共同努力的方向。考虑到县域制造业中战略性新兴产业、高技术产业、主导产业以及装备制造业发展对制造业产业结构的优化升级起着决定性的作用，所以用战略性新兴产业增加值比重 C1、高新技术产业增加值比重 C2、首位产业增加值比重 C3、装备制造业增加值比重 C4 代表县域制造业产业结构。

（4）绿色发展。绿色发展是县域制造业高质量发展的重要保障。传统粗放式的发展模式已使我们付出了巨大的生态代价，环境污染给我们敲响了警钟，人类社会发展与资源环境之间的矛盾日趋显现，经济可持续发展遇到巨大挑战。《中国制造 2025》也指出，坚持把可持续发展作为建设制造强国的重要着力点，构建绿色制造体系，走生态文明的发展道路。县域制造业的发展应坚持以环境保护和可持续发展为目标，寻求以低能耗、低污染和低排放为基础的绿色发展模式。从节能和减排两个角度衡量县域制造业绿色发展情况。用制造业单位产值能耗 D1、制造业单位产值煤耗 D2 代表制造业资源节约。用制造业单位产值工业废气排放量 D3、制造业单位产值工业固体废物排放量 D4、制造业单位产值工业废水排放量 D5 以及制造业三废排放平均达标率 D6 代表制造业环境保护。

三、评价方法

层次分析法（AHP）能够将复杂问题进行分解，并通过判断矩阵计算出各因素对于总目标的相对重要性权重。由于该方法能够将定性指标进行量化，从而能够为方案选择提供决策依据。然而，该方法也存在如下局限性：判断矩阵一致性检验有难度，目前的判断标准缺乏科学依据；判断矩阵与人类思维两者一致性有显著差异。为克服以上局限性，本文将模糊法与层次分析法的优势结合起来，采用模糊层次分析法（FAHP），开展县域制造业高质量发展评价。

（一）层次结构与优先关系矩阵

中国县域制造业高质量发展水平评价层次模型分为三层：第一层是县域制造业高质量发展评价总目标层 T；第二层包括规模效益 A、创新能力 B、结构优化 C、绿色驱动 D 等四项准则层指标；第三层是各项准则层指标所包含的具体子指标（见图 1）。假设优先关系矩阵为 $X=(x_{ij})_{n\times n}$，其中当因素 X_i 比因素 X_j 重要时，$x_{ij}=1$；当因素 X_i 与因素 X_j 同样重要时，$x_{ij}=0.5$；当因素 X_i 不如因素 X_j 重要时，$x_{ij}=0$，并且 $x_{ij}+x_{ji}=1$。笔者邀请七位对中国县域制造业高质量发展有较深研究的专家按照上述要求，对各指标层次进行打分，并按照各专家意见权威性赋予权重，从而以此得到各个专家的各个指标层次的优先关系矩阵（模糊互补阵）。以第一位专家打分结果为例：

（1）各准则对总目标的优先关系矩阵：

T	A	B	C	D
A	0.5	0	0	0
B	1	0.5	1	1
C	1	0	0.5	0
D	1	0	1	0.5

（2）各子指标对准则层的优先关系矩阵：

A	A1	A2	A3	A4	A5	A6
A1	0.5	0	0	0	0	0
A2	1	0.5	0	0	0	0
A3	1	1	0.5	1	1	1
A4	1	1	0	0.5	1	1
A5	1	1	0	0	0.5	1
A6	1	1	0	0	0	0.5

B	B1	B2	B3	B4	B5	B6
B1	0.5	0	1	0	0	0
B2	1	0.5	1	1	1	1
B3	0	0	0.5	0	0	0
B4	1	0	1	0.5	0.5	1
B5	1	0	1	0.5	0.5	1
B6	1	0	1	0	0	0.5

C	C1	C2	C3	C4
C1	0.5	1	1	1
C2	0	0.5	1	1
C3	0	0	0.5	1
C4	0	0	0	0.5

D	D1	D2	D3	D4	D5	D6
D1	0.5	0	0	0	0	0
D2	1	0.5	1	1	1	1
D3	1	0	0.5	1	1	1
D4	1	0	0	0.5	0.5	1
D5	1	0	0	0.5	0.5	1
D6	1	0	0	0	0	0.5

（二）构造模糊一致矩阵

通过上述优先关系矩阵来构造模糊一致矩阵，令：

$$r_i = \sum_{k=1}^{n} x_{ik}(k = 1,2,3,\cdots,n) \tag{1}$$

将式（1）作如下变换：

$$r_{ij} = \frac{r_i - r_j}{2n} + 0.5 \tag{2}$$

那么 $R = (r_{ij})_{n \times n}$ 便是模糊一致矩阵，满足如下特征：

$$r_{ii} = 0.5\ (i = 1,2,3,\cdots,n) \tag{3}$$

$$r_{ij} + r_{ji} = 1\ (i,j = 1,2,3,\cdots,n) \tag{4}$$

$$\sum_{k=1}^{n} r_{ik} + \sum_{k=1}^{n} r_{kj} = n\ (i = j;i,j,k = 1,2,3,\cdots,n) \tag{5}$$

模糊一致矩阵 $R = (r_{ij})_{n \times n}$ 中，$r_{ij} = 0.5$ 表示因素 i 比因素 j 同等重要；$0 \leqslant r_{ij} < 0.5$ 表示因素 j 比因素 i 重要；$0.5 < r_{ij} \leqslant 1$ 表示因素 i 比因素 j 重要。该判断矩阵很好地符合一致性的特征，并且将原始集合的隶属关系由只能取 0 与 1 这两个值推广到可以取单位区间［0，1］中的任意一数值。同样，以第一位专家为例：

（1）各准则对总目标的模糊一致矩阵：

T	A	B	C	D
A	0.5	0.125	0.375	0.250
B	0.875	0.5	0.750	0.625
C	0.625	0.250	0.5	0.375
D	0.750	0.375	0.625	0.5

（2）各子指标对准则层的模糊一致矩阵：

A	A1	A2	A3	A4	A5	A6
A1	0.5	0.417	0.083	0.167	0.250	0.333
A2	0.583	0.5	0.167	0.250	0.333	0.417
A3	0.917	0.833	0.5	0.583	0.667	0.750
A4	0.833	0.750	0.417	0.5	0.583	0.667
A5	0.750	0.667	0.333	0.417	0.5	0.583
A6	0.667	0.583	0.250	0.333	0.417	0.5

B	B1	B2	B3	B4	B5	B6
B1	0.5	0.167	0.583	0.292	0.292	0.417
B2	0.833	0.5	0.917	0.625	0.625	0.750
B3	0.417	0.083	0.5	0.208	0.208	0.333
B4	0.708	0.375	0.792	0.5	0.500	0.625
B5	0.708	0.375	0.792	0.500	0.5	0.625
B6	0.583	0.250	0.667	0.375	0.375	0.5

C	C1	C2	C3	C4
C1	0.5	0.625	0.750	0.875
C2	0.375	0.5	0.625	0.750
C3	0.250	0.375	0.5	0.625
C4	0.125	0.250	0.375	0.5

D	D1	D2	D3	D4	D5	D6
D1	0.5	0.083	0.167	0.292	0.292	0.417
D2	0.917	0.5	0.583	0.708	0.708	0.833
D3	0.833	0.417	0.5	0.625	0.625	0.750
D4	0.708	0.292	0.375	0.5	0.500	0.625
D5	0.708	0.292	0.375	0.500	0.5	0.625
D6	0.583	0.167	0.250	0.375	0.375	0.5

（三）单层重要性排序

基于模糊一致矩阵 $R = (r_{ij})_{n\times n}$ 计算式（6）：

$$s_i = \left(\prod_{j=1}^{n} r_{ij}\right)^{\frac{1}{n}} \quad (i,j = 1,2,3,\cdots,n) \tag{6}$$

对 s_i 求平均值：

$$\overline{s_i} = \frac{s_i}{\sum_{i=1}^{n} s_i} \quad (i,j = 1,2,3,\cdots,n) \tag{7}$$

令向量 $w = (\overline{s_1}, \overline{s_2}, \cdots, \overline{s_n})^T$，向量 w 便表示本层因素对上层某因素的重要性排序情况。以第一位专家为例，通过各准则对总目标的模糊一致矩阵，可以计算出权重向量为（0.1450，0.3527，0.2169，0.2854）^{T}。即第一位专家认为对于县域制造业高质量发展总目标来说，四大要素的重要性程度依次是，创新能力、绿色发展、结构优化、规模效益。同时，可以计算出各子指标对各准则层的重要性排序情况。按照上述方法，根据各位专家的打分情况，可以计算出各专家对于各层次指标相对于上一层次的重要性排序情况，然后根据各专家意见权重进行加权汇总，可以得出最终各层次重要性排序情况。

（四）最终权重的确定

隶属于总目标 T 的 4 个指标 A、B、C、D 对 T 的排序数值向量为 $\omega_T = (\omega_A, \omega_B, \omega_C, \omega_D)^T$，隶属于指标 A 的 6 个指标对 A 的层次单排序向量为 $\omega_A = (\omega_{A1}, \omega_{A2}, \omega_{A3}, \omega_{A4}, \omega_{A5}, \omega_{A6})^T$，那么二级指标相对于总目标 T 的权重向量为 $\omega_{TA} = (\omega_A \times \omega_{A1}, \omega_A \times \omega_{A2}, \omega_A \times \omega_{A3}, \omega_A \times \omega_{A4}, \omega_A \times \omega_{A5}, \omega_A \times \omega_{A6})^T$。以此类推，可以分别计算 B、C、D 二级指标相对于总目标权重向量 ω_{TB}，ω_{TC}，ω_{TD}，结果如表 1 所示。

表 1　新时代中国县域制造业高质量发展评价指标权重

准则层			A	B	C	D	最终权重 ω_j
			0. 2458	0. 3083	0. 2028	0. 2431	
中国县域制造业高质量发展评价体系	规模效益 A	A_1	0. 1207				0. 0297
		A_2	0. 1279				0. 0314
		A_3	0. 1806				0. 0444
		A_4	0. 2099				0. 0516
		A_5	0. 1707				0. 0420
		A_6	0. 1902				0. 0468
	创新能力 B	B_1		0. 1412			0. 0435
		B_2		0. 1945			0. 0600
		B_3		0. 1331			0. 0410
		B_4		0. 1820			0. 0561
		B_5		0. 1868			0. 0576
		B_6		0. 1625			0. 0501
	结构优化 C	C_1			0. 3116		0. 0632
		C_2			0. 3053		0. 0619
		C_3			0. 2300		0. 0467
		C_4			0. 1530		0. 0310
	绿色发展 D	D_1				0. 1765	0. 0429
		D_2				0. 1784	0. 0434
		D_3				0. 1859	0. 0452
		D_4				0. 1381	0. 0336
		D_5				0. 1281	0. 0311
		D_6				0. 1929	0. 0469
合计			1	1	1	1	1

对于中国县域制造业高质量发展评价而言，各指标所占权重按大小依次是创新能力（0.3083）、规模效益（0.2458）、绿色发展（0.2431）、产业结构（0.2028）。由此可知，创新能力是决定中国县域制造业高质量发展的核心要素，规模效益与绿色发展的作用“旗鼓相当”，当然产业结构的推动作用也不容忽视。对于规模效益而言，制造业就业人员劳动生产率权重最高（0.2099）；对于创新能力，制造业 R&D 投入强度权重最高（0.1945）；对于产业结构而言，战略性新兴产业增加值比重权重最大（0.3116）；对于绿色驱动而言，制造业三废排放平均达标率权重最大（0.1929）。而在层次总排序中，对于评价总目标而言，二级指标权重位于前五位的依次是战略性新兴产业增加值比重（0.0632）、高新技术产业增加值比重（0.0619）、制造业 R&D 投入强度（0.0600）、专利申请数（0.0576）、制造业新产品产值率（0.0561）。

四、中国县域制造业高质量发展指数

根据模糊层次分析法得出的中国县域制造业高质量发展评价各个指标的权重以及原始数据，可计算出历年中国县域制造业高质量发展指数（CIMHDI）。该指数包括制造业高质量发展总指数、规模效益指数、创新能力指数、产业结构指数以及绿色发展指数等五个方面（见图 2）。

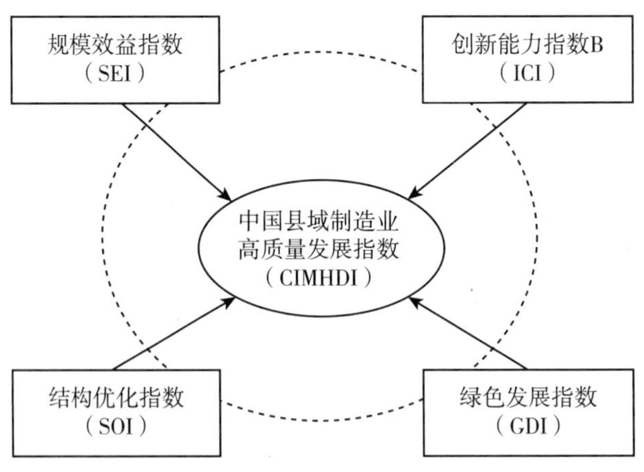

图 2　新时代中国县域制造业高质量发展指数构成

具体计算方法如下：

第一步，原始数据标准化。令 X_{ijt} 表示 i 县 j 指标第 t 年数值。当 X_{ijt} 为正向指标时，标准化处理方法为：

$$Y_{ijt} = \frac{X_{ijt} - X_j^{\min}}{X_j^{\max} - X_j^{\min}} \tag{8}$$

若 X_{ijt} 为逆向指标时，则标准化处理方法为：

$$Y_{ijt} = \frac{X_j^{\max} - X_{ijt}}{X_j^{\max} - X_j^{\min}} \tag{9}$$

其中，Y_{ijt} 为标准化后的指标数值，$X_j^{\max}$ 为所有县 j 指标 X_{ijt} 中的最大值，$X_j^{\min}$ 为所有县 j 指标 X_{ijt} 中的最小值。由此可将所有原始数据标准化为 0 和 1 之间的数值。

第二步，计算中国县域制造业高质量发展指数。将标准化后的各指标数值按照权重进行加权求和，即可得到 1 个总指数以及 4 个分类指数。

（1）中国县域制造业高质量发展指数（CIMHDI）。将 22 个子指标标准化数值 Y_{ijt} 与最终权重 ω_j 加权求和，那么 i 县第 t 年制造业高质量发展总指数为：

$$Z_{it} = \sum_{j=1}^{22} Y_{ijt} \times \omega_j \tag{10}$$

（2）中国县域制造业规模效益指数（scale efficiency index，SEI）。将规模效益的 6 个子指标标准化数值 Y_{ijt}^A 与最终权重 ω_j^A 加权求和，那么 i 县第 t 年制造业规模效益指数为：

$$Z_{it}^A = \sum_{j=1}^{6} Y_{ijt}^A \times \omega_j^A \tag{11}$$

（3）中国县域制造业创新能力指数（innovation capability index，ICI）。将创新能力的 6 个子指标标准化数值 Y_{ijt}^B 与最终权重 ω_j^B 加权求和，那么 i 县第 t 年制造业创新能力指数为：

$$Z_{it}^B = \sum_{j=1}^{6} Y_{ijt}^B \times \omega_j^B \tag{12}$$

（4）中国县域制造业结构优化指数（structure optimization index，SOI）。将结构优化的 4 个子指标标准化数值 Y_{ijt}^C 与最终权重 ω_j^C 加权求和，那么 i 县第 t 年制造业结构优化指数为：

$$Z_{it}^C = \sum_{j=1}^{4} Y_{ijt}^C \times \omega_j^C \tag{13}$$

（5）中国县域制造业绿色发展指数（green development index，GDI）。将绿色发展的 6 个子指标标准化数值 Y_{ijt}^D 与最终权重 ω_j^D 加权求和，那么 i 县第 t 年制造业绿色发展指数为：

$$Z_{it}^{D} = \sum_{j=1}^{6} Y_{ijt}^{D} \times \omega_{j}^{D} \tag{14}$$

五、主要结论与启示

本文基于当前国际产业大变革以及国内经济迈入高质量发展阶段等新形势新背景下，根据中国县域制造业高质量发展动因，建立评价指标体系，采用FAHP方法设计编制中国县域制造业高质量发展指数（CIMHDI），从而为新形势下推动县域制造业的高质量发展提供帮助。研究发现：（1）新形势下中国县域制造业高质量发展评价包括规模效益、创新能力、结构优化以及绿色发展四个维度，各维度对县域制造业高质量发展评价按权重大小依次是创新能力（0.3083）、规模效益（0.2458）、绿色发展（0.2431）、产业结构（0.2028）。创新能力是核心要素，规模效益与绿色发展的作用“旗鼓相当”，产业结构的推动作用也不容忽视。（2）对于县域制造业高质量发展评价来说，权重位于前五位的依次是战略性新兴产业增加值比重（0.0632）、高新技术产业增加值比重（0.0619）、制造业R&D投入强度（0.0600）、专利申请数（0.0576）、制造业新产品产值率（0.0561），产业结构优化与创新能力提升对县域制造业高质量发展起着重要的作用。（3）中国县域制造业高质量发展指数包括发展总指数（CIMHDI）、规模效益指数（SEI）、创新能力指数（ICI）、产业结构指数（SOI）以及绿色发展指数（GDI）等五个方面。

以上评价结果能够给予我们的启示是，新时代中国制造业高质量发展评价应当突出规模效益、创新能力、结构优化以及绿色发展等四个要素目标关键环节，体现高质量发展的战略思想。县域制造业高质量发展集中追求规模效益的同时，应当注重创新能力的提升以及结构优化的推进。

本文设计编制中国县域制造业高质量发展指数及其权重确定方法，以此能够对中国县域制造业整体发展水平作出合理的总体评价，对新形势下中国县域制造业高质量发展起到一定的指导作用。由于影响县域制造业高质量发展因素还有很多，考虑到后期评价工作中数据的可得性，本文忽略了一些难以在县域层面用统计指标进行衡量的因素，如产业政策等，可能会对县域制造业高质量发展指数产生一定的影响，但我们可以在后续的评价过程中逐步克服。

参考文献

[1] 朱允卫，杨万江．县域综合竞争力的基本内涵及其评价指标体系研究［J］．浙江社会科学，2003（4）：175－179.

[2] 王颂吉，白永秀，宋丽婷．县域城乡发展一体化水平评价——以陕西83个县

（市）为样本［J］. 当代经济科学，2014（1）：116－123，128.

［3］陈炎伟，王强，黄和亮. 福建省县域乡村振兴发展绩效评价研究［J］. 福建论坛（人文社会科学版），2019（9）：182－190.

［4］黄源湘，魏峰. 县域经济竞争力的评价与分析［J］. 安徽大学学报（哲学社会科学版），2007（2）：147－152.

［5］蔡坚，龙潭. 县域经济持续发展竞争力及其评价模型研究［J］. 科技进步与对策，2004（11）：91－93.

［6］唐石. 县域经济竞争力评价研究和提升对策——以江苏省为例［J］. 北京交通大学学报（社会科学版），2015（4）：26－32.

［7］齐昕，张景帅，徐维祥. 浙江省县域经济韧性发展评价研究［J］. 浙江社会科学，2019（5）：40－46，156.

［8］李廉水，程中华，刘军. 中国制造业"新型化"及其评价研究［J］. 中国工业经济，2015（2）：63－75.

［9］李春梅. 中国制造业高质量发展的评价及影响因素分析——来自制造业行业面板数据的实证［J］. 经济问题，2019（8）：44－53.

［10］赵丽，孙林岩，刘杰. 区域制造业可持续发展能力的评价体系构建及应用［J］. 科技进步与对策，2009（9）：51－54.

［11］李廉水，杨浩昌，刘军. 我国区域制造业综合发展能力评价研究——基于东、中、西部制造业的实证分析［J］. 中国软科学，2014（2）：121－129.

［12］余红伟，胡德状. 中国区域制造业质量竞争力测评及影响因素分析［J］. 管理学报，2015（11）：1703－1709.

［13］江小国，何建波，方蕾. 制造业高质量发展水平测度、区域差异与路径提升［J］. 上海经济研究，2019（7）：70－78.

［14］王玉燕，林汉川，吕臣. 中国企业转型升级战略评价指标体系研究［J］. 科技进步与对策，2014（15）：123－127.

作者单位：安徽大学经济学院/中国建设银行安徽省分行

Research on China's Intra-county Manufacturing High-quality Development Index

Wang Yuyan　Lu Shanshan

Abstract: Under the new situation of the global industrial revolution and entering high-quality development of the domestic economic, it is important to evaluate the high-quality development of China's intra-county manufacturing. Based on an analysis of current domestic and international environment and a brief review of the new research on China's intra-county manufacturing, the evaluation index system of China's intra-county manufacturing is built. The evaluation index system consists of four elements such as scale efficiency, innovation capability, structure optimization and green development. Then in virtue of the methods of expert scoring and AHP, we design and compile China's county manufacturing High-quality development index after computing the weight of evaluation index system. This index plays an important role in promoting the high-quality development of China's manufacturing industry in the new situation.

Key words: New Era; Intra-county Manufacturing Industry; High-quality Development Index; FAHP

对 OECD 税收协定范本中法人“居民”身份判定标准修订的探讨

张璐璐

摘　要：2019 年 4 月 25 日，OECD 公布《OECD 关于对所得和财产避免双重征税的协定范本（2017）》（以下简称“OECD 税收协定范本”）完整版。本文通过对比 2017 年版本和之前版本中法人“居民”身份判定标准的变化，来探讨近些年国际营商环境和税收环境的变化。同时，以“实际管理机构”这一判定标准为中心，介绍这一概念的起源以及在我国的应用情况，通过引入实际管理机构标准在相关案例中的应用，论证该原则在实践中的局限性，进而解释 OECD 税收协定范本中对法人“居民”判定标准修订的必要性。

关键词：OECD 税收协定范本；实际管理机构；法人；税收居民

对“居民”身份判断标准的确定，是实行以所得来源地为判定标准的地域税收管辖权和以居住地为判定标准的居民税收管辖权的前提（熊昕等，2019）。要避免双重或多重征税，使得跨国企业可以享受缔约国之间的税收优惠政策，需要缔约国之间对“居民”身份判定标准达成共识并且在动态变化中不断调整多方的认识。此外，解决双重居民身份冲突也是缔约国之间判定法人居民身份的关键一步。双重居民身份冲突是指由于同时符合两个或多个国家国内税法规定的居民身份标准，从而同时被两个国家认定为本国的税收居民并被要求承担无限纳税义务。双重居民身份冲突不仅可能导致重复征税，还会使双重征税协定规定的税收管辖权和分配权的划分存在不确定性。国家间建立避免双重征税协定合约时所参照的 OECD 税收协定范本在其第 4 条第 3 款中针对法人实体规定了双重居民身份冲突规则。2010 年的 OECD 税收协定范本将实际管理机构标准作为判定法人居民身份的首要参考原则（熊昕等，2019）。

一、各国对实际管理机构所在地标准的应用

在解决法人双重居民身份冲突的实践中，由于各国对实际管理机构的定义

不同，判定实际管理机构的方法主要划分为两种——以英国、爱尔兰、澳大利亚为代表的实际管理和控制中心所在地，以德国、荷兰为代表的国家认定的管理机构所在地。

（一）实际管理和控制中心所在地

1. 英国

实际管理和控制概念起源于英国，最早的应用要追溯到1876年英国的Cesena Sulphur案件。Cesena Sulphur公司在英国成立，但是除了董事在伦敦，公司所有其他的经营管理活动、从业人员、利润分配、财务账簿以及其他文件的保管全都位于印度，然而，在案件最后，法官判定该公司为英国居民，就是由于其召开制定重要决定政策会议的地点位于伦敦。更具代表性的是英国法院在1906年审理的DE BEERS一案，该案中，原告公司在南非注册登记，公司总部设在南非，其产品的开发与销售也在南非进行，但该公司文件明文规定：（1）关于公司矿山工作和经营的技术管理、工资支出等事项的业务过程，应由南非的董事决定，但他们应就特别重要的事项征求伦敦董事的意见。（2）超过25000英镑的所有其他支出由大多数董事决定，但暂时由南非的董事决定；此外，南非的董事在主席的批准下可能会在特殊情况下产生不超过50000英镑的开支。（3）董事会关于处置钻石和其他资产、矿山的开采或开发、钻石产量、利润的使用和董事的任命的政策应由大多数董事决定。因为公司大部分董事居住在伦敦，涉及公司的重大决定，如财产分割、利润分配、董事任命等需要经过公司大部分董事同意，因此税务机关判定该公司的实际管理机构所在地是伦敦。此外，1925年的瑞典中央铁路有限公司与汤普森（Swedish Central Railway Company Limited v Thompson）案件也说明，英国对法人居民身份的判定不是根据公司注册地或章程的规定等其他内容，而是从公司的经营实质上加以确定。

2. 爱尔兰

爱尔兰在1999年之前对实体税收居民身份的认定取决于其管理和控制的地点。从广义上讲，上述实体的“管理和控制”标准将考量对于公司运营最高层级的控制而不是日常的常规业务活动，考量对象包括公司政策的制定、重要的投资决策、主要合同的协商与主要供应商的合作洽谈以及重大兼并、重组交易等。管理和控制的基本法规适用于所有爱尔兰公司及外国公司。

3. 澳大利亚

澳大利亚居民企业，是指在澳大利亚注册成立的企业，或虽然不是在澳大利亚成立但在澳大利亚从事经营活动且主要管理机构位于澳大利亚的企业，或其具有控制表决权的股东是澳大利亚居民（居民企业或居民个人）的企业。

（二）国家认定的管理机构所在地

1. 德国

德国税法规定，居民企业指法律注册地或实际管理机构设在德国境内的公司和其他实体。其中“实际管理机构设在德国”是指企业事实上的最高领导层，即企业管理层的合法经营场所或工作地点在德国。

2. 荷兰

荷兰古典税制下的公司所得税所界定的实际管理机构所在地，指的是作出重大的、起作用的管理政策决定的地点，通常是被授权代表公司的人履行经营管理活动或决定整个企业活动的地点，如董事会等最高级别管理中心所在地。

（三）中国的实施办法及弊端

2008 年实施的《中华人民共和国企业所得税法》在首次区分“居民企业”和“非居民企业”的基础之上，给出了实际管理机构的概念和判定境外中资企业实际管理机构所在地的四个条件①。虽然判定原则里的四个条件从企业的生产经营、人员、财务和财产等方面给出了较为全面的界定，但是值得指出的是，《企业所得税法》对实际管理机构判定标准的规定仍存在一些漏洞。首先，第一项原则只谈及了财务决策和人事决策，对于企业重大方针政策、发展战略、资产处置、资本支出、合约签订并未提及，更像是对于日常经营决策而非重大经营决策的界定；相比之下，OECD 税收协定范本又只强调重大经营决策，由此可见，无论是 OECD 税收协定范本还是我国税法，对于实际管理机构的全面界定都存在困难。其次，第二项原则并未明确负责企业生产经营管理运作的高层管理人员和高层管理部门履行职责的场所是否包括企业的控股子公司。再次，第三项原则中要求同时满足会计账簿、公司印章、主要财产、股东

① 国家税务总局《关于境外注册中资控股企业依据实际管理机构标准认定为居民企业有关问题的通知》（2009）规定，针对境外中资企业，如果同时满足以下四个条件，应判定其实际管理机构位于中国境内：（1）企业的财务决策（如借款、放款、融资、财务风险管理等）和人事决策（如任命、解聘和薪酬等）由位于中国境内的机构或人员决定或需要得到中国境内机构或人员的批准；（2）企业负责实施日常生产经营管理运作的高层管理人员及其高层管理部门履行职责的场所主要位于中国境内；（3）企业的会计账簿、公司印章、主要财产、股东会议和董事会纪要档案等位于或存放于中国境内；（4）企业 1/2（含 1/2）以上有投票权的董事或高层管理人员经常居住于中国境内。

会议和董事会纪要档案存放在中国境内的规定过于生硬，这种缺乏灵活性的严格要求为企业人为改变实际管理机构所在地创造了成本几乎为零的操作机会。最后，第四项规定强调的人数比例固然重要，但是也同时忽视了管理权和决策权的重要性。

二、OECD 2010 年和 2017 年对法人“税收居民”判定的主要内容

（一）2010 年 OECD 税收协定范本对判定原则的规定

OECD 2010 年范本明确规定，“当因各国对法人居民身份判定结果不同致使公司出现双重居民身份时，应当认定该公司为其实际管理机构所在地国家的居民”① 可以看出，2010 年以前对法人居民身份的认定统一采用实际管理机构所在地标准（place of effective management）。与注册地标准相比，实际管理机构判定标准已经表现出一定程度的进步，因为注册地标准单纯强调企业注册登记的所在地，查尔斯·爱德华·安德鲁四世·林肯（Charles Edward Andrew Ⅳ Lincoln）在 *Is Incorporation Really Better than Central Management and Control for Testing Corporate Residency*：*An Answer to Corporate Tax Evasion and Inversion* 一文中指出，将企业注册地作为判定法人居民身份首要标准的最大优点就是提高了可预测性，因为公司的注册地总是可知的（2017）。② 正因如此，这一客观事实很可能在企业的有意操控下被利用和篡改。而实际管理机构所在地判定标准则更加主观，因为税务机关可以结合多方面的因素判断实际管理机构所在地，而不是单纯依照企业的注册地点，这就增加了企业改变居民身份的成本，一定程度上起到了反避税的作用。此外，将判断依据的重心从企业注册登记转移到企业实际经济活动层面，把公司法人的实际管理机构所在地作为认定其居民身份的首要判断依据，对于将注册地设立在“避税天堂”的企业，这一原则能够更加合理地确定实际经济活动发生地和利润来源地，更好地维护税收分配的公平性，这也是多年来实际管理机构所在地标准备受 OECD 青睐的原因。

---

① Where by reason of the provisions of paragraph 1 a person rather than an individual is a resident of both Contracting State, then it shall be deemed to be a resident only if the State in which its place of effective management is situated.

② Overall, the greatest advantage of incorporation as a test for residence is that it promotes predictability; the residency will always be known.

根据表 1 可知，从 1998 ~ 2014 年，OECD 所发布的各个税收协定范本在第四款第三条都将实际管理机构所在地（place of effective management）作为判定法人居民身份的首要标准，对第四款第三条的注释均为“where the company，etc. is actually managed”。直到 2017 年，OECD 税收协定范本才对这一判定标准作出修改，可见，时代总是在变迁，新技术层出不穷，随着营商环境和交易方式的变化，企业避税的策略也越来越丰富，单纯地以实际管理机构所在地来判定法人税收居民身份逐渐显露出弊端，已经不能满足解决法人双重居民身份冲突的需求。

表 1　1998 ~ 2017 年 OECD 税收协定范本对法人居民身份判定标准的规定

年份	OECD 税收协定范本对法人税收居民身份判定的标准
1998	实际管理机构所在地
2000	实际管理机构所在地
2003	实际管理机构所在地
2005	实际管理机构所在地
2008	实际管理机构所在地
2010	实际管理机构所在地
2014	实际管理机构所在地
2017	在考虑实际管理机构所在地、注册地等相关因素的基础上主管税务机关协商

资料来源：笔者整理。

（二）2017 年 OECD 税收协定范本对判定原则的规定

2014 年税基侵蚀和利益转移（BEPS）行动计划问世，其中第 1 项行动计划就明确指出，数字经济化浪潮之下的商业模式会带来新的税收挑战。此外，为降低纳税人利用双重税收居民身份不正当地获取税收协定优惠的风险，BEPS 建议修订 OECD 税收协定范本中处理双重税收居民身份问题的加比规则，并以相互协商程序取代实际管理机构所在地标准，这一点在第 2 项行动计划“消除混合错配影响”和第 6 项行动计划“防止错误授予享受税收协定优惠的权利”均有所体现。相应地，经合组织 2017 年修订的《实施税收协定相关措施以防止税基侵蚀和利润转移的多边公约》和《OECD 协定范本》均采纳了上述建议，将相互协商程序（MAP）纳为解决双重税收居民身份问题的重要原则。OECD 2017 年范本这样表述：参照前款表述，如果一个法人被缔约国双方同时认定为居民企业，那么缔约国双方的税务机关应该在考虑该企业实际管理机构所在地、注册成立地或组织构成地等一系列相关因素的基础之上，根据缔约国双方签订税收协定的意图确认其法人居民身份。在缺少缔约国相互协商和一致同意的条件下，该企业不能享受缔约国税收协定中的税收减免政策。①

OECD 税收协定范本作此修改的原因，一方面是顺应国际营商环境和税收环境的变化，平衡和兼顾 OECD 各成员国内法对居民身份判定标准的差异，在各国国内法基础之上将具体规则交由各国税务机关相互协商。另一方面是规避纳税人利用双重税收居民身份和税收协定漏洞来不当享受税收优惠政策，达到“双重不征税”的目的，进而导致税款流失的风险。在法人税收居民身份判定冲突中，很可能出现缔约国双方一方将企业注册成立地视为判断法人居民身份的首要原则，而另一方将实际管理机构所在地奉为圭臬的情况，或者双方都实施实际管理机构标准，但是对实际管理机构判定的方法不同的情况，这些都可能导致两个国家的税务机关都没有对同一笔所得征税。此外，在电子商务主导跨国公司交易的数字经济背景下，确定法人实体的实际管理机构也成了一个难题。因此，修订和完善传统的单一实际管理机构判定原则，丰富解决双重居民身份冲突的判定标准，为解决双重居民身份冲突的国家提供更充分科学的判定依据，促进缔约国双方在明晰税收管辖权的基础之上共同合作进行反避税斗争，是顺应经济社会发展、解决国际税收冲突问题的必要条件。

（三）新冠肺炎疫情期间 OECD 税收协定范本对判定原则的界定

在 2019 年新型冠状病毒引发的全球性疫情暴发的背景下，OECD 发布通知表明（Pwc，2020）：新冠肺炎疫情的蔓延可能会引起企业对由于工作地点或公司管理者、重要股东居住地点的迁移会引发根据相关国内税法判定的实际管理机构所在地的改变的担忧，但是暂时性的工作地点或重要

① Where by reason of the provisions of paragraph 1 a person other than an individual is a resident of both Contracting States, the competent authorities of the Contracting States shall endeavour to determine by mutual agreement the Contracting State of which such person shall be deemed to be a resident for the purposes of the Convention, having regard to its place of effective management, the place where it is incorporated or otherwise constituted and any other relevant factors. In the absence of such agreement, such person shall not be entitled to any relief or exemption from tax provided by this Convention except to the extent and in such manner as may be agreed upon by the competent authorities of the Contracting States.

股东和董事居住地点的变化不应该引发对实际管理机构所在地认定的变化。①

OECD的声明为解决疫情期间工作地点改变可能引起的双重居民身份判定冲突提供了依据，虽然OECD对实际管理机构所在地的在特殊时期的判断方法给出了相关的解释，但与此同时，此举也暴露出了在应对突发状况或者在特殊时期，单一的实际管理机构原则在判定法人居民身份问题上是局限的、不充分的。

三、国际营商环境和税收环境变化下“实际管理机构”标准暴露的弊端

OECD税收协定范本2010年版本中对法人居民判定的“实际管理机构”标准，是多年来跨国企业内部管理模式和外部经营交易模式对应下税务机关和国际税法制定的合理判断手段。然而，随着20世纪90年代末数字经济时代的来临，这种单一的实际管理机构所在地判定标准已经不能准确定位法人的居民身份。例如，很多跨国企业通过避免将重要电话在某些地区发出或者避免将重要会议、重要董事安置在某些地区，来规避税务机关对实际管理机构所在地的合理认定。在国际税收环境和营商环境不断变化，以及企业对这一认定标准人为操控的背景下，实际管理机构所在地判定标准在解决双重居民身份冲突问题上暴露出诸多问题。

（一）“实际管理机构所在地”不一定和企业的实际经营活动有密切联系

国际税收协定中对各种避免双重征税的条约的适用，是以跨国公司有来自来源国的利润或者作为居民国的税收居民为前提的。传统的税收理论认为，跨国公司的实际管理机构所在地反映了纳税人与征税国之间有密切联系，因此被

① Concerns related to the residence status of a company: place of effective management.

The COVID－19 crisis may raise concerns about a potential change in the “place of effective management” of a company as a result of a relocation, or inability to travel, of chief executive officers or other senior executives. The concern is that such a change may have as a consequence a change in company's residence under relevant domestic laws and affect the country where a company is regarded as a resident for tax treaty purposes.

It is unlikely that the COVID－19 situation will create any changes to an entity's residence status under a tax treaty. A temporary change in location of the chief executive officers and other senior executives is an extraordinary and temporary situation due to the COVID－19 crisis and such change of location should not trigger a change in residency, especially once the tie breaker rule contained in tax treaties is applied.

判定为居民纳税人的跨国公司在居住国负有无限纳税义务。然而，在电子商务广泛应用于跨国企业商业交易的数字经济环境中，实际管理机构所在地这类物理性的存在并不代表纳税人与居住国之间有密切而持久的经济联系。在没有边界限制概念的网络交易环境中，可以代表实际管理机构的唯一实体就是网络地址，由于网络信息的互动性质，交易主体可以保持 24 小时在线交易的状态，而网络地址背后的物理实体可以分布在任何地域。如果商业网址背后的网主通过网络交易持续在某国取得利润，而由于物理实体分布在其他地区，从而只被认定为该国的非居民，那么实际管理机构所在地判定标准就失去了应有的作用，判定结果违背了公平纳税的原则。

因此，在电子邮箱和视频会议等电子科技发达的今天，单一由实际管理机构所在地判定法人居民身份是非常困难并且不够准确的。在电子商务飞速发展和普及的背景下，所谓的实际管理机构所在地并不一定和企业实际的经济活动有密切联系，沿用传统的管理机构所在地判定标准并在此基础上进行税收协调，可能会造成判定的错误和课税的不公平。

（二）在实际管理机构所在地判定下的居民国课税并不一定符合量能课税的原则

在经济全球化不断发展和国际税收竞争日益激烈的今天，许多市场规模较小的国家倾向于参照市场规模大的国家制定的税率来降低本国的企业所得税税率，从而形成“避税天堂”来吸引外商资本的流入。传统的实际管理机构所在地判定标准默认跨国企业会将所有利润汇回居住国，根据居住国的居民税收管辖权优先办法，在利润聚集地征税符合量能课税的原则。然而，在实际情况中，许多跨国企业倾向于将大笔利润转移到避税天堂或低税率的国家和地区，我们可以以 BEPS 行动计划提出的背景为例，2007～2010 年，在四年时间内，美国谷歌公司通过将在国外取得的利润从爱尔兰、荷兰转移到百慕大的方式，成功避税 31 亿美元；2009～2012 年，苹果公司依靠其特殊的国际税务结构成功地在全球范围内将 44 亿美元的收入实现了避税（Deloitte，2014）；美国所有跨国企业一年可以产生 2 万亿美元的避税收益，相当于美国税务机关 4 年的企业所得税收入，这一点高盛（2016）已经有所论证；几年前美国、德国等国税务机关要求瑞士瑞银集团披露以避税为目的在境外隐匿财产收益的大量客户账户信息而引发的争议案件，都充分表明纳税人为了实现在全球范围内避税，利用现行国际税收规则和税收协定存在的缺陷，通过各种避税组织结构安排、交易安排，借助一系列可能的手段，将大量来源于境外的所得转移到避税港和避税天堂，并不汇回居民国已是普遍存在的客观事实。

因此，在各国对金融资本管控日趋宽松的背景下，跨国公司倾向于利用各种手段将利润所得转移到低税国和地区，此时，实际管理机构所在地判定的法人居民身份和相应的无限纳税义务已经不能满足量能课税的要求。

（三）以实际管理机构所在地作为统一标准来判定法人的居民身份会促使法人操控和实际管理机构判定相联系的因素

实际管理机构是指跨国企业的实际有效的指挥、控制和管理中心，是行使居民税收管辖权的国家判定法人居民身份的主要标准。实际管理机构所在地的认定，一般以股东大会召开的场所、董事会召开的场所以及行使指挥监督权力的场所等因素来综合判断（Deloitte，2014）。

但是一方面，随着数字经济时代来临，许多跨国公司借用电子邮箱和视频会议、电话会议作出重要决策，企业管理者不必聚集在一起开会、讨论并作出决策，这使得确定董事会召开的地点变得特别复杂。另一方面，随着交通的发达，公司的管理者、股东和董事越来越倾向于分居在世界各地，他们的住所可以同时安排在几个国家和地区，住所经常变更的情况也时有发生。公司的组织结构也面临着前所未有的革新，更多的跨国企业选择组成战略联盟来经营，在缺乏中心管理机构的情况下，利用现代信息技术，由组成联盟的各独立实体对企业进行管理，从而共同完成相关工作。此外，许多企业在合并之后有一个或多个管理机构存在，确定唯一的实际管理机构在实践中面临着巨大的困难，例如，在新冠肺炎疫情期间，网上“云办公”成为众多企业工作的主要方式，疫情冲击下的许多跨国企业甚至公开声明，云办公将会成为未来企业管理的一种重要方式。在此背景下，企业人为的避税操作和互联网办公的普及使实际管理机构所在地的确认变得更加麻烦复杂。

（四）各国对实际管理机构标准的认定不同

在 2000 年 OECD 税收协定范本中，解决法人双重居民身份问题只使用实际管理机构所在地标准，虽然看似排除了其他标准，使判定原则得到统一，但实际上由于各国对实际管理机构的定义不同，对这一原则的不同认定就导致了双重居民身份判定上的冲突。总的来说，对实际管理机构标准的判定主要有两种：一是以英国、爱尔兰、澳大利亚为代表的国家认定的实际管理和控制中心所在地标准。比如英国税法规定：公司在英国注册成立即为英国的居民（特殊情况除外）；未在英国注册成立但集中管理和控制在英国进行，也会被定义为英国居民；如果一家公司根据英国国内法是英国税收居民，但根据税收协定被视为另一个国家的税收居民，那么该公司将不会被视为英国的税收居民。爱尔兰税法规定，一般情况下，在爱尔兰成立的企业被视为税收居民；在其他情形下，集中管理和控制测试将用于判定企业的居民身份；另外，如果根据税收协定确认企业为非居民企业，成立地原则将不适用。澳大利亚税法规定，居民企业指的是在澳大利亚注册成立；或者虽然不在澳大利亚成立，但在澳大利亚从事经营活动，澳大利亚居民股东拥有投票控制权或者管理和控制地在澳大利亚的企业。可以看出，这类判定标准在考虑企业注册地的基础上强调实际管理和控制中心所在地。二是以德国和荷兰为代表的国家认定的管理机构所在地标准。例如，德国国内税法规定，在德国有法定席位或管理机构在德国的企业将被认定为德国的居民企业。再如荷兰的企业所得税法中虽然没有清晰地定义"居民企业"，但是在实践中，根据荷兰法律成立的企业通常被认定为荷兰的居民企业；根据外国法律成立的企业，其居民身份将视情况而决定，其中一个重要的判定因素就是实际管理机构所在地。可见，这类判定标准更加强调企业依照国内税法成立的基础之上的管理机构所在地原则。

综上所述，各个国家有具体的不同的判定依据来支撑相应的原则，于是在解决法人双重居民身份认定的实践中，各个国家对实际管理机构认定标准之间的差异给判定法人居民身份带来了巨大的挑战和困难。因此，修订和完善这一原则是解决判定法人居民身份困难的必经之路。

以上四个方面均证明，依据单一的实际管理机构所在地来判定企业法人税收居民的身份是不可行的，由于实际管理机构所在地确认的复杂性，这种方式存在很多的漏洞和弊端，不能够实现国际税收征管的目标，在数字经济的冲击下更是显得不堪一击。因此，OECD 税收协定范本对于判定法人居民身份标准的修订和补充具有必要性。

四、实际管理机构原则在解决双边和多边法人居民身份判定冲突问题上的局限

（一）实际管理机构原则在解决双边法人居民身份判定冲突的应用

由于不同国家国内法规定的差异，一个跨国公司可能被同时认定为两个国家的税收居民，OECD 税收协定范本给出的实际管理机构参照标准在一定程度上解决了这种冲突。下面以一个案例来说明这一问题。

假设 X 公司在 A 国注册成立，而将实际管理机构设在了 B 国。在某一年度内，X 公司取得了一笔来自 A 国 Y 公司的消极所得，假设 A 国和 B 国所缔

结的双重居民身份冲突条约与 OECD 税收协定范本规定一致，该笔消极所得的征税权应该如何在 A 国和 B 国之间划分？

如图 1 所示，A 国税务机关按照国内税法规定的注册地标准判定法人居民身份，B 国税务机关按照国内税法规定的实际管理机构所在地标准判定居民法人身份，由此 X 公司被同时判定为 A、B 两国的税收居民，A、B 两国之间发生了双重居民征税冲突。于是要参照 A、B 两国间缔结的双重居民身份冲突协定（黎颂喜等，2014）：（1）依据 OECD 税收协定范本第一条对人的规定和第四条对居民的定义，具有双重居民身份的 X 公司是税收协定意义上的居民，属于协定适用人的范围；（2）要想继续适用 A－B 协定税收优惠的规则，就要确定 X 公司属于 A 和 B 哪个国家的税收居民，由于协定和 OECD 税收协定范本中就法人居民身份判定标准一致，根据实际管理机构所在地原则，X 公司构成 A－B 税收协定意义上的 B 国居民；（3）根据 A－B 税收协定第十条（股息）和第十一条（利息）规定，股息和利息所得由 A 国（来源国）和 B 国（居民国）共享，特许权使用费由 B 国（居民国）独享征税权。如果根据相关判断依据，B 国构成 A－B 税收协定意义上的常设机构事实，那么这笔消极所得就只能作为常设机构的营业利润，根据协定第七条，由 B 国独享征税权，而不再适用协定第十条至第十二条。

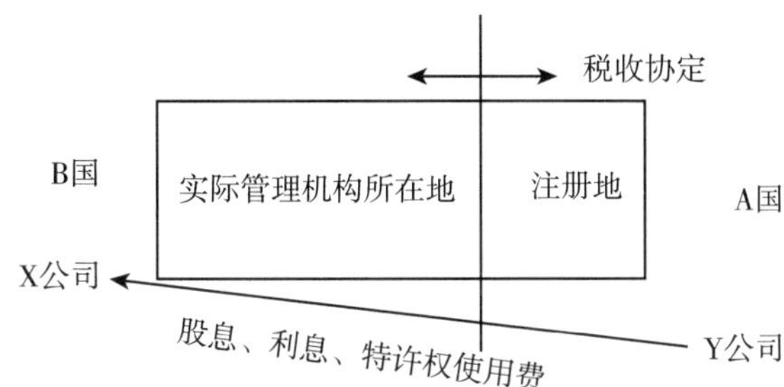

图 1　双边法人居民消极所得的分配

可见，尽管根据文章前述事实，实际管理机构标准作为解决法人双重居民身份冲突的唯一原则有许多缺陷，但是在大部分双边重复征税冲突中该原则可以很好地解决一系列问题，能够最终缓解或消除重复征税。然而，在涉及 3 个国家以上的双重居民身份认定冲突问题时，该原则就暴露出了它内生的固有缺陷。

（二）实际管理机构原则在解决多边法人居民身份判定冲突的应用

如果将上述案例扩展到三个国家的情况，就涉及多边重复征税的问题。假设X公司在A国注册成立，实际管理机构设立在B国，在某一交易活动中，X公司取得了来自C国Y公司的一项消极所得，A国和B国、A国和C国、B国和C国之间都建立了双重征税冲突协定。此时该笔消极所得的征税权应该怎样在三个国家之间划分呢？

如图2所示，首先，依照A国国内税法，优先根据注册地标准判定法人居民身份，于是X公司构成A国国内税法意义上的税收居民；根据B国国内税法，优先根据实际管理机构所在地原则判定居民法人身份，于是X公司构成B国国内税法意义上的法人居民，由此，X公司被A、B两国同时认定为法人税收居民，被要求就全球范围内的所得承担无限纳税义务。此外，由于支付X公司消极所得的Y公司位于C国，作为所得来源国的C国会要求行使来源地税收管辖权。因此，A、B、C三国对X公司该笔消极所得形成了法律性重复征税。

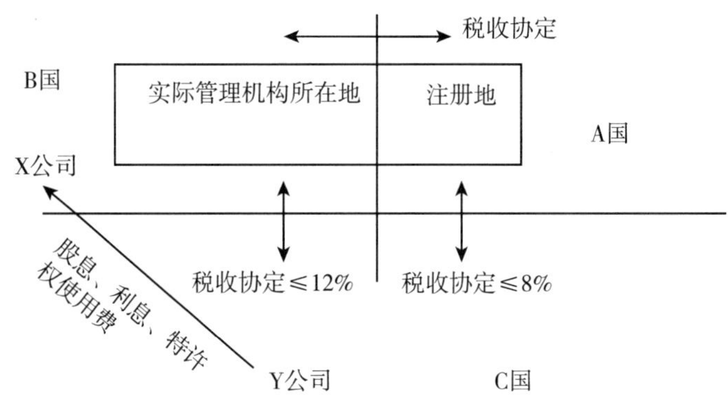

图2　多边法人居民消极所得的分配

其次，X公司如果要适用缔约国之间的税收优惠规则，就必然要先确定自己是哪个国家的税收居民。根据A－B税收协定（王丽华、廖益新，2018）：（1）依据第一条对人的定义和第四条对居民的定义，构成双重居民身份的X公司属于协定适用人的范围；（2）要想继续适用征税权的分配规则，就要确定X公司是哪个国家的税收居民，由于A－B两国税收协定中对法人居民身份确定的依据参照OECD税收协定范本，根据OECD税收协定范本第四条第三款，X公司构成实际管理机构所在地B国的法人税收居民。

最后，虽然A国丧失了A－B税收协定意义上的居民国身份，但是并没有丧失A国国内税法意义上的税收居民身份。因此，依照A－C协定和B－C协定的第四条，X依然是A－C协定和B－C协定的居民，这意味着X公司要同时履行A－C协定和B－C协定相关的义务，这就暴露出了实际管理机构原则在解决多变重复征税问题上的天然缺陷。而C国要同时履行A－C税收协定和B－C税收协定第十条第二款和第十一条第二款的限制预提税率的规定，假设

A－C 税收协定规定的限制预提税率为 8%，B－C 税收协定规定的限制预提税率为 12%，那么 C 国要同时履行两个协定的限制预提税率义务，最终执行不高于 8% 的限制预提税率。从最终纳税结果来看，如果 B 国采用免税法避免双重征税，那么 X 公司只需要就该笔所得在 C 国缴纳限制性税率为 8% 的预提税，这就为纳税人提供了有效的避税手段；如果 B 国采用抵免法来避免双重征税，那么 A 国放弃的税收收入就转移到了 B 国。

由此可见，实际管理机构原则在解决多边重复征税问题时可能会缓解或解决双重或多重法人居民身份认定冲突，但是在一定程度上使得征税权在国家间的分配丧失了公平性。在此案例中，A 国牺牲的征税权最终并没有激励 X 公司在 A 国的投资行为，而仅仅是为 X 公司提供了避税手段或者仅仅增加了 B 国的税收收入。

五、OECD 税收协定范本对判定法人居民身份的“实际管理机构”原则修订的启示和建议

法人居民身份在国际税收中具有非常重要的意义，一个跨国企业一旦被认定为某国的法人居民，就需要就该企业在全球的所得在居住国承担无限纳税义务，如果没有构成该国的法人居民，就只需要就来源于该国的利润在来源国纳税。“实际管理机构所在地”的核心概念起源于英国，后来普及到世界各个国家，这一判定标准的确立和发展是有历史渊源的。最早的 OECD 成员均是资本大国或殖民国，跨国公司在从事跨境交易中，由于殖民地和欠发达地区的福利水平不好，公司的重要董事和管理者一般居住在殖民国，相关重要会议的召开地点也在殖民国，而 OECD 成员为了维护自身国家的税收利益，就确立了实际管理机构所在地原则来判定法人居民身份。而后发达国家与发展中国家签订的税收协定中，为了维护发达国家的征税权，也大多采用了实际管理机构所在地判定标准。虽然 OECD 税收协定范本做了几次修改，但是实际管理机构所在地判定标准的主导地位从未动摇。

依托其主观性和实质重于形式的特点，实际管理机构所在地判定原则一度成为避免双重征税原则中判定法人居民身份的重要方法，直到现在还作为世界多国判定法人居民身份的首选途径。然而，本文以我国判定“实际管理机构”的四项原则为例，分析其存在的漏洞和判定的困难，通过对数字经济影响下的国际营商环境变化所带来的挑战的分析，再结合该原则在解决双重法人居民身份认定冲突和多重法人居民身份认定冲突应用上的相关案例，说明了传统经济时代统一的“实际管理机构所在地”判定标准存在着天然漏洞，并且已经越来越不适应经济全球化发展的现实，在具体应用中甚至会违背公平原则，税收

中性原则，量能课税原则。

尽管如此，这并不是完全否定实际管理机构所在地判定标准的作用，也并不意味着实际管理机构所在地判定标准已经完成了它的历史使命并退出国际税收协调的舞台，在修订的 2017 年 OECD 税收协定范本中这一标准仍然存在，只不过作为缔约国双边协商基础之上的辅助判断方法，仍将长期有效地发挥其独特的作用。

综上所述，OECD 2017 年范本对法人居民判定标准的修订存在必然性，按照企业创造价值的实际来源确定征税权，需要各国就企业的价值和利润创造达成广泛的国际共识，就跨国企业的全球利润在不同的利润创造地之间的分配确定，形成一致的测算计量标准，同时更要重视数字经济背景下多种要素在价值创造过程中的作用（黎颂喜等，2014），这也决定了在不断地适应国际营商环境变化的过程中 OECD 税收协定范本修订的必要性。

参考文献

［1］熊昕，郑金涛．实际管理机构所在地判断标准研究——以澳大利亚 Gould 案为切入点［J］．国际税收，2019（9）：54－61.

［2］Charles Edward Andrew IV Lincoln. Is Incorporation Really Better than Central Management and Control for Testing Corporate Residency：An Answer to Corporate Tax Evasion and Inversion，43 Ohio N. U. L. Rev. 364.

［3］付树林．完善依据实际管理机构判定居民企业的标准及管理［J］．国际税收，2014（8）：8.

［4］OECDiL ibrary. https：//www. oecd-ilibrary. org/search？ value1 = model + tax + convention&option1 = quicksearch&facetOptions = 51&facetNames = pub_igoId_facet&operator51 = AND&option51 = pub_igoId_facet&value51 = %27igo%2Foecd%27&publisherId = %2Fcontent%2Figo%2Foecd&searchType = quick.

［5］Deloitte. 经合组织发布 BEPS 项目 2014 年成果［EB/OL］．https：//www2. deloitte. com/content/dam/Deloitte/cn/Documents/tax/ta－2014/deloitte-cn-tax-tap1982014-zh-150623. pdf.

［6］Pwc. OECD 解析新冠疫情下常设机构和税收居民身份的认定［EB/OL］．https：//www. pwccn. com/zh/china-tax-news/2020q2/chinatax-news-apr2020－9. pdf.

［7］王丽华，廖益新．后 BEPS 时代居民税收管辖权的问题与改革［J］．上海财经大学学报，2018，20（4）：129－140.

［8］黎颂喜，乔舒亚·科尔曼．关于实际管理机构所在地原则的阐释［J］．国际税收，2014（8）：11－16.

作者单位：中南财经政法大学财政税务学院

Thoughts on the Change of “Resident” Status on Legal Person of OECD Model

Zhang Lulu

Abstract: Based on “place of effective management” as a centre of discussion, this article introduces the origin of the concept and applications in China. Taking 2010 and 2017 two time points as a reference, this article makes the comparative analysis of the change of the international business environment and tax environment before and after them, and then explains the necessity to revise the judging principles on “residents” of legal persons of the OECD model.

Key words: Place of Effective Management OECD; Model Tax Convention; International Business Environment; Legal Resident Status

新冠肺炎疫情下优化财政医疗卫生支出的思考*

薛　钢　刘彦龙　张道远

摘　要：突如其来的新冠肺炎疫情对我国经济的平稳运行和居民的正常生活造成了巨大影响，同时也暴露出我国医疗卫生体系有待进一步优化。财政则是国家治理的基础和重要支柱，能够有效预防与应对突发性公共卫生危机在内的非传统安全事件是国家治理能力的重要体现。本文主要从财政医疗公共卫生支出总量、结构和资金效率三个方面分析了我国财政医疗支出的现状与问题。研究发现：我国医疗卫生支出总量偏低，人均财政医疗卫生支出、财政医疗卫生支出占总卫生费用、财政支出和GDP的比重均低于同等收入国家，与高收入国家相比还存在一定的差距；财政医疗卫生支出结构失调，在疾病预防与诊治方面的投入不足，应急管理类支出占公共卫生支出的比重偏低；资金使用效率仍然不高，政府预算绩效管理体系不完善，地方政府在医疗卫生支出方面的财政透明度偏低。最后基于以上结论提出了优化财政医疗卫生支出，提高医疗卫生体系疾病预防与应急管理能力的相关建议。

关键词：新冠肺炎；财政医疗卫生支出；资金使用效率

一、引言

2020年，我国34个省级行政区均发现被感染（新冠肺炎）病例，累计确诊近8.2万人，确诊人数是“SARS事件”的17.32倍。同时受到疫情的冲击，短期内国内总供给与总需求也出现了双重收缩，而国外疫情的迅速发展也增加了出口的困难，这些都会直接影响到经济增长的持续稳定，有关专家预测如果疫情在一季度末或者上半年末得到有效控制，并且各行业实现全面复工，全年经济增长率会下降0.17%或0.36%（李稻葵和厉克奥博，2020）。在“SARS事件”后，国家重视医疗卫生体系的建设和对重大突发性疾病的预防，财政医疗卫生支出总量从2003年的1116.94亿元增加到2018年的16399.13

* 基金项目：国家社会科学重大项目“基于现代国家治理的税收理论体系创新研究”（18ZDA099）；中南财经政法大学资助项目“新冠疫情下的财政治理研究：压力应对与制度优化”（2722020YJ002）。

亿元，增长近13.7倍，各地区医疗卫生服务水平也逐步提升，并且近几年在防治各类传染性疾病方面取得了显著成绩。但是就此次疫情而言，虽然政府及时有效地控制了疫情的蔓延，但是财政医疗卫生支出的大幅增长与疫情在全国范围再次爆发形成了鲜明对比。习近平在2月14日召开的中央全面深化改革委员会第十二次会议上也指出，我国在应对新冠肺炎过程中暴露出在重大疫情防控体制机制、公共卫生应急管理体系等方面存在明显短板，未来要提高应对突发重大公共卫生事件的能力和水平。新冠肺炎疫情凸显了我国医疗卫生体系在应对突发性公共安全事件的脆弱性，同时财政在医疗卫生领域的资金分配、资源配置以及各项经费使用的有效性也值得反思。应对这种突发性公共卫生事件的能力本身也是国家治理能力的重要体现，而财政是国家治理的基础和重要支柱，作为提升公共卫生应急管理能力、完善医疗卫生体系的重要保障，有必要从优化财政医疗卫生支出的角度完善我国医疗卫生体系。

二、文献回顾

国家在2016年发布的《“健康中国2030”规划纲要》明确指出，健康是促进人的全面发展的必然要求，是经济社会发展的基础条件，要健全政府健康领域相关投入机制，调整优化财政支出结构，加大健康领域投入力度，科学合理界定中央政府和地方政府支出责任，提高资金使用效益，履行政府保障基本健康服务需求的责任。学者们在相关领域也展开了相应研究，得出了相当丰富的结论。我国医疗卫生服务体系日益健全，基本医疗卫生服务的均等化程度逐年提高，但城乡间不均等的现象仍然存在（高萍，2015），政府需要完善财政医疗卫生支出结构，支出重点应向农村地区转移，增强农村医疗卫生机构的综合服务能力（张宗光等，2013）。同时财政医疗卫生支出的增长幅度应高于经常性财政支出，提高财政医疗卫生支出占总医疗卫生费用的比重（孙开和崔晓冬，2011）。在财政医疗卫生支出的地区公平性方面，温连奎等（2016）通过测算政府卫生支出的基尼系数和泰尔指数发现，省域间政府卫生支出的公平性逐渐提高，并且随着财政转移支付的调整，中部和西部地区政府卫生支出的公平性显著提升。政府事权与支出责任划分也是影响医疗卫生体系完善的主要因素，丁忠毅和谭雅丹（2019）认为我国在基本医疗卫生服务领域存在事权与支出责任划分不清晰、不均衡、法律约束不足等问题。应以财税体制改革为契机，逐步扩大中央政府的事权的支出责任，缓解地方政府的医疗卫生支出压力，并进一步完善财政转移支付制度，加大对经济欠发达地区的转移支付力度，从而间接提高中央财政的支出责任（胡善联，2018）。还有部分学者研究了我国财政医疗卫生支出效率，梁城城（2017）通过测算财政医疗卫生经费的投入产出效率发现，我国财政医疗卫生经费的使用效率较低，呈现出东、中、西部地区依次递增的局面，且资金使用效率与财政透明度存在正 U 形关系。而希尔德（Heald，2003）和刘静（2019）通过实证研究则得出了相反的结论，当财政透明度达到一定程度后，继续提高财政透明度会抑制资金使用效率的增长，即二者存在倒 U 形关系。

现有研究主要集中在财政医疗卫生支出的省际与城乡结构、事权与支出责任划分和资金使用效率等方面，而此次疫情暴露出我国医疗卫生体系的短板主要在公共卫生领域。财政在公共卫生领域的投入是政府医疗卫生支出的重要功能之一，但鲜有学者分析和讨论我国财政医疗卫生支出的功能结构是否合理。此外，国家在提出积极的财政政策要“加力提效”后，陆续出台的多项减税降费措施加大了各级政府的财政支出压力，这是否会导致财政医疗卫生支出总量有所降低？而财政“提效”政策是否提高了医疗卫生资金的使用效率？这些都是值得进一步研究的问题。因此，本文从财政医疗公共卫生支出总量、功能结构和资金使用效率的三个角度，探讨优化财政医疗卫生支出的具体路径并提出相应的政策建议。

三、我国财政医疗卫生支出现状分析

（一）财政医疗卫生支出的总量分析

医疗卫生服务的公共物品属性决定了政府应该且必须承担医疗卫生支出，在“SAPS 事件”疫情后，政府更加意识到增加医疗卫生支出对完善医疗卫生体系和提升防控突发性公共卫生事件能力的重要性，表 1 显示了我国 2004 ~ 2018 年财政医疗卫生支出总量的变化趋势。从绝对数来看，支出总量和人均水平均有大幅度提高，分别在 2004 ~ 2018 年增长了 11.68 倍和 10.81 倍，但是支出总量的增长率变动幅度较大，于 2007 年达到峰值 45.13%，之后呈现出波动式下降趋势，到 2018 年仅为 7.85%，增速低于同期财政支出的 8.77% 和国内生产总值的 10.49%①。其中，2007 ~ 2011 年的增长率较高可能是因为在深化医药卫生体制改革的推动下，我国在 2007 年全面建立了农村居民的新型农村合作医疗制度，在 2011 年全面建立了城镇居民基本医疗保险制度，而政府财政补贴是这两项惠民措施的主要资金来源。从相对数来看，财政医疗卫生支出占总卫生费用的比重整体上呈现出先上升、后下降的趋势，在 2011 年

① 此结果根据国家统计局最新发布的数据测算得到，与之前公布的结果有所差异。

之前该比重逐年上升，2011～2018年，该比重从30.66%下降到27.74%；财政医疗卫生支出占财政支出比重的增长趋势明显，由2004年的4.54%增长到2018年的7.42%，并于2017年达到最大值7.49%；财政医疗卫生支出占GDP的比重同样呈现出先上升、后下降的趋势，在2016年之前逐年上涨至1.86%，2016～2018年稍有回落。

表1　　2004～2018年我国财政医疗卫生支出总量及占比变化趋势

年份	财政医疗卫生支出（亿元）	财政医疗卫生支出增长率（%）	人均财政医疗卫生支出（元）	财政医疗卫生支出/总卫生费用（%）	财政医疗卫生支出/财政支出（%）	财政医疗卫生支出/GDP（%）
2004	1293.58	15.81	99.52	17.04	4.54	0.80
2005	1552.53	20.02	118.73	17.93	4.58	0.83
2006	1778.86	14.58	135.33	18.07	4.40	0.81
2007	2581.58	45.13	195.38	22.31	5.19	0.96
2008	3593.94	39.21	270.62	24.73	5.74	1.13
2009	4816.26	34.01	360.90	27.46	6.31	1.38
2010	5732.49	19.02	427.51	28.69	6.38	1.39
2011	7464.18	30.21	553.99	30.66	6.83	1.53
2012	8431.98	12.97	622.73	29.99	6.69	1.57
2013	9545.81	13.21	701.53	30.14	6.81	1.61
2014	10579.23	10.83	773.44	29.96	6.97	1.64
2015	12475.28	17.92	907.54	30.45	7.09	1.81
2016	13910.31	11.50	1006.02	30.01	7.41	1.86
2017	15205.87	9.31	1093.88	28.91	7.49	1.83
2018	16399.13	7.85	1175.24	27.74	7.42	1.78

资料来源：2005～2019年《中国统计年鉴》和《中国卫生健康统计年鉴》。

与其他国家进行比较可以较为直观地考察我国财政医疗卫生支出总量是否合理，图1列出了2015年部分国家政府医疗卫生支出的具体情况。数据显示，美国、英国、德国和日本等高收入国家的政府医疗卫生支出占总医疗卫生费用的比重均高于45%，其中最高值为英国的84%，最低值为美国的47%；政府医疗卫生支出占政府总支出的比重均超过了18%，最高值为美国的22.6%，最低值为英国的18.5%；政府医疗卫生占GDP的比重均维持在8%左右。俄罗斯、巴西、阿根廷和墨西哥的人均 GDP 与中国接近，这 4 个国家的三项占比均高于中国，中国的各项数据与印度较为接近，但印度的人均 GDP 约为中国的 1/5。此外，我国政府医疗卫生支出总量低于 4 个高收入国家，人均政府医疗卫生支出仅高于印度。

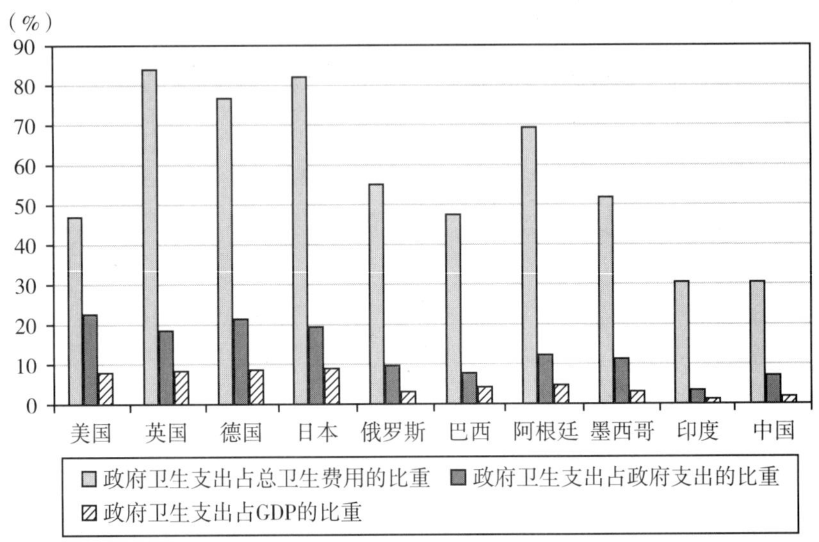

图 1　2015 年部分国家政府医疗卫生支出情况

资料来源：《世界卫生统计 2017》。

通过对医疗卫生支出数据的分析和比较发现，虽然我国医疗卫生支出总量高于同等收入国家，但人均水平低于同等收入国家，与高收入国家的差距更加明显。在各项相对数据方面，中国政府医疗支出占总医疗卫生费用的比重低于图 1 中所有国家，与英国、德国、日本和阿根廷的差距更大；政府医疗卫生占政府支出的比重约为同期高收入国家的 1/3，在同等收入国家里也处于最低水平；就政府医疗卫生支出占 GDP 的比重而言，中国同期的数值为 1.81%，远不及高收入国家 8% 的平均水平，与同等收入国家 3% ~4.5% 的水平也有一定差距，虽然近 15 年中国经济增长迅速，国内生产总值的基数较大，但美国作为世界第一大经济体，该占比都高达 7.9%。由此可见，我国财政医疗卫生支出的增长趋势明显，但支出总量与人均水平仍然偏低，没有有效体现出坚持政府主导，健全医疗卫生多元筹资的医疗卫生投入机制。另外，由于世界经济增长乏力，外部环境趋于复杂，我国近年来经济增速放缓，加之政府陆续推出的一系列减税降费措施使得财政收入形势较为严峻，收支平衡压力较为突出。在我国“量入为出、收支平衡”的财政预算原则下，政府医疗卫生支出总量提升的空间较小，因而优化医疗卫生支出的重点应放在优化支出结构和提高资金使用效率方面。

（二）财政医疗卫生支出的功能结构分析

此次新冠肺炎疫情暴露出我国医疗卫生体系的确存在若干缺陷：首先，重大疾病预防控制体系不健全，防范与化解公共卫生风险的能力不足。仅从疾病预防控制中心和卫生监督所的机构数和人员数来看，全国疾控中心的机构数和占医疗卫生机构总数的比重分别从 2009 年的 3536 个和 0.39% 下降到 2018 年的 3443 个和 0.35%，疾控中心的人员数和占全国卫生人员的比重分别从 2009 年的 197106 人和 3.20% 下降到 2018 年的 187826 人和 1.53%；全国卫生监督所的机构数与人员数略有上升，但这两项数据占医疗卫生机构总数和卫生人员总数的比重分别从 2009 年的 0.31% 和 1.28% 下降到 2018 年的 0.29% 和 0.67%。其次，公共卫生应急管理体系不完善，应对突发性公共卫生事件的能力不足。具体而言，我国应急医疗物质储备不足，具有隔离与防护措施的医院较少，数据显示 2018 年我国传染病医院占医院总数的比重仅为 0.51%，从而导致部分地区出现医护人员和医疗设施等资源短缺、医院收治能力不足和一线医务人员感染的现象。最后，基层医疗卫生体系存在服务能力不足、专业人才短缺的问题，没有形成“基层首诊、双向转诊”的医疗服务模式。而财政医疗卫生支出的功能结构失调可能是导致这些问题发生的主要原因，表 2 显示了我国财政医疗卫生资金在各具体事项的分配情况。

表 2　　2009～2018 年财政医疗卫生支出明细　　单位：亿元

年份	医疗卫生与计划生育管理事务	公立医院	基层医疗卫生机构	公共卫生	中医药	计划生育事务	食品和药品监督管理事务	财政对基本医疗保险基金的补助	医疗救助	其他医疗卫生与计划生育支出
2009	124.00	741.74	559.81	435.86	16.32	—	103.51	1790.82	101.98	120.40
2010	142.23	876.00	448.41	769.30	28.80	—	124.52	2095.88	131.94	187.10
2011	157.38	940.14	614.05	1117.19	16.77	—	131.89	3082.12	168.57	201.40
2012	173.68	1013.46	863.18	1101.66	15.97	—	151.87	3486.15	171.26	267.88
2013	195.58	1156.84	918.13	1205.74	23.06	—	170.05	4107.30	186.81	316.39
2014	204.74	1371.05	937.95	1314.14	24.35	913.49	242.82	4622.27	212.90	333.11
2015	337.78	1726.40	1102.52	1549.17	32.27	852.09	336.67	5414.14	240.66	358.17
2016	393.85	2075.13	1210.57	1691.69	38.63	754.10	390.20	5953.34	266.94	384.32
2017	464.49	2193.47	1325.18	1885.84	41.88	709.85	436.30	5024.08	320.91	492.79
2018	493.04	2294.74	1379.09	2038.52	49.51	694.81	456.85	5482.71	469.68	528.64

注：2014 年之后财政部医疗卫生支出的统计口径变为医疗卫生与计划生育支出。

资料来源：2009～2018 年财政部全国财政决算。

从表2中可以看出，财政对基本医疗保险基金的补助在所有支出事项中占比最高，年平均占比为39.58%，并且该比重在2011~2016年均高于40%，到2018年为33.43%，公立医院、基层医疗卫生机构和公共卫生是与疾病预防和诊治直接相关的领域，这三项支出的年平均占比分别为13.76%、9.11%和12.50%，其中公立医院和基层医疗卫生机构的占分别从2009年的15.40%和11.62%下降到2018年的13.99%和8.41%，公共卫生的占比从2009年的9.05%上升到2018年的12.43%。专业公共卫生机构的重要职责是预防传染病及突发公共卫生事件，是医疗卫生体系的第一道防线，基层医疗卫生机构是医防结合的主要领域，是医疗卫生体系的第二道防线，医院则是保障居民健康的最终防线，而财政在这三方面的投入长期处于较低水平，并且公立医院和基层医疗卫生机构的占比呈下降趋势。

此次疫情反映出的最大短板是我国疾病预防控制体系不完善，应对突发性公共卫生事件的能力不足，这些则是政府公共卫生支出的主要功能与职责，因而有必要进一步分析财政资金在公共卫生领域的分配情况。表3显示了我国2010~2018年公共卫生支出的具体结构。其中，与疫情防控密切相关的支出事项有疾病预防控制机构、卫生监督机构、应急救治机构、基本公共卫生服务和突发公共卫生事件应急处理。从各项支出的占比来看，疾病预防控制机构的占比长期维持在18%左右，卫生监督机构的占比从2010年的6.42%下降到2018年的4.95%，基本公共卫生服务的占比从2010年的27.67%上升到2018年的38.92%，防控疾病是这三项支出的主要功能，2018年这三项支出的总和占公共卫生支出的比重为62.18%，占财政医疗卫生支出的比重为7.73%。应急救治机构的占比由2010年的1.05%上升到2018年的1.50%，突发公共卫生事件应急处理的占比从2010的2.17%下降到2018年的0.33%，这两项支出是应对突发公共卫生事件的主要资金来源，2018年这两项支出总和占公共卫生支出的比重为1.83%，占财政医疗卫生支出的比重为0.23%。

表3　　2010~2018年政府公共卫生支出明细　　单位：亿元

年份	疾病预防控制机构	卫生监督机构	妇幼保健机构	精神卫生机构	应急救治机构	采供血机构	其他专业公共卫生机构	基本公共卫生服务	重大公共卫生专项	突发公共卫生事件应急处理	其他公共卫生支出
2010	136.84	49.37	55.59	21.05	8.10	10.19	4.16	212.87	176.77	16.69	77.67
2011	177.69	97.32	102.38	62.19	26.00	32.58	5.52	322.09	223.18	6.09	62.14
2012	199.79	74.47	87.16	11.17	26.53	40.94	6.09	341.22	243.32	5.86	65.10
2013	227.08	68.20	102.23	6.80	27.37	43.57	8.03	404.20	238.14	8.91	71.21

续表

年份	疾病预防控制机构	卫生监督机构	妇幼保健机构	精神卫生机构	应急救治机构	采供血机构	其他专业公共卫生机构	基本公共卫生服务	重大公共卫生专项	突发公共卫生事件应急处理	其他公共卫生支出
2014	236.44	66.84	109.54	5.41	19.06	47.80	9.89	457.37	275.85	7.98	77.95
2015	280.15	77.07	137.13	7.59	22.59	55.84	11.15	579.63	276.72	6.09	96.20
2016	312.93	83.93	166.48	7.86	23.56	62.60	14.29	642.23	277.55	6.18	94.08
2017	341.99	93.05	199.72	8.49	27.05	73.57	13.40	697.05	287.29	8.52	135.71
2018	373.35	100.82	194.04	9.91	30.61	76.34	14.64	793.44	287.99	6.78	150.60

注：由于财政部于2010年之后才公布公共卫生支出的分项数据，因此表中所列数据为2010～2018年。

资料来源：2010～2018年财政部全国财政决算。

通过对财政医疗卫生支出的功能结构进行分析发现，医疗保障类支出在较长时期都是我国医疗卫生支出的重点，虽然该比重在2016年后有所降低，但仍然是第一大支出项目。在疾病预防与诊治类支出中，公立医院与基层医疗卫生机构的占比偏低且呈下降趋势，公共卫生支出的占比呈上升趋势，但支出总量仍然较低，进一步观察其内部结构可以发现，防控疾病类支出占公共卫生支出的比重较为合理，但由于公共卫生支出的总量偏低，该类支出仍显不足。应急管理类支出占公共卫生支出的比重偏低，其中突发公共卫生事件应急处理的占比在公共卫生支出逐年上升的背景下反而呈现出波动式下降的趋势。总体来看，该支出结构更符合我国近些年侧重于建立中国特色医疗卫生保障制度的医疗卫生体系改革方向，对疾病防控、公共卫生应急管理和基层医疗卫生机构的投入却显不足。建立完善的医疗卫生保障制度固然重要，它可以有效解决居民"看病难、看病贵"的问题，但完善的疾病防控体系也必不可少，如"SAPS事件"和新冠肺炎等传染性疾病在治愈后依然会存在一些后遗症，因而建立有效的疾病预防体系才是保障居民健康的首要任务。此外，基层医疗卫生机构也要充分发挥作用，从而缓解医院应对突发公共卫生事件的压力，提升医疗卫生体系的应急管理能力。

（三）财政医疗卫生经费的使用效率分析

此次疫情除了暴露出我国财政医疗卫生支出在总量和结构方面的一些问题外，财政资金的使用是否高效也是值得进一步研究的问题。因此，需要借助数据包络分析法（DEA）对我国财政医疗卫生经费的使用效率进行测算与分析。

首先，构建财政医疗卫生支出效率的指标体系，在研究财政资金使用效率的众多文献中，投入指标的选取大致可分为财政支出总量和人均财政支出两类。本文更侧重于测算财政医疗卫生支出的综合效率，因此选取财政医疗卫生支出总量作为投入指标。在产出指标选取方面，梁城城（2017）和王宝顺（2011）均选取了卫生资源、公共卫生和疾病控制等三类共六个指标作为医疗卫生产出指标，而医疗卫生体系的疾病预防能力与突发公共卫生事件应急管理能力不足是此次疫情暴露出的主要问题，因而本文借鉴以往的研究，并结合此次疫情，选取医疗卫生资源和疾病防控两大类共五个指标作为产出指标，具体指标体系如表4所示。

表4　财政医疗卫生投入产出指标体系

投入指标	产出类别	产出指标	备注
财政医疗卫生支出	医疗卫生资源	每万人拥有的卫生技术人员	（1）财政医疗卫生支出数据来源于《中国统计年鉴》；（2）医疗卫生资源和疾病防控数据来源于《中国卫生健康统计年鉴》
		卫生机构床位数	
		每万人拥有的护士数	
	疾病防控	疾病预防控制中心	
		卫生监督所	

其次，根据表4建立的指标体系，运用DEAP软件测算我国2009～2018年财政医疗卫生支出的综合效率，计算结果如图2所示。从图2中可以看出，我国财政医疗卫生经费的使用效率呈下降趋势，综合效率值从2009年的0.595下降到2018年的0.308，说明随着财政医疗卫生支出规模的逐年增加，资金浪费和使用低效的现象也随之加剧。此外，《中国卫生健康统计年鉴》的数据显示，我国居民两周患病率从2008年的18.9‰上升至2018年的24.1‰，也说明财政医疗卫生支的增长没有有效提高居民的健康水平。

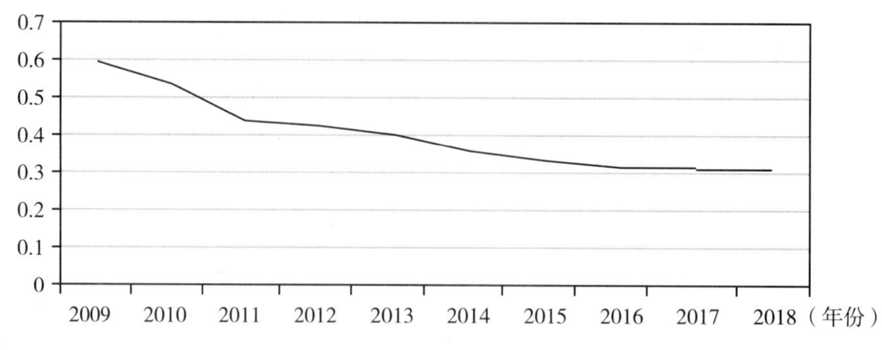

图2　2009～2018年财政医疗卫生支出综合效率

导致财政医疗卫生支出效率持续下降的原因有两个方面：一方面，政府预算绩效管理体系不完善。2018 年国务院发布的《关于全面实施预算绩效管理的意见》指出了目前我国在预算绩效管理方面存在的一些具体问题：绩效理念尚未牢固树立，一些地方和部门存在重投入轻管理、重支出轻绩效的意识；绩效管理的广度和深度不足，尚未覆盖所有财政资金，一些领域财政资金低效无效、闲置沉淀、损失浪费的问题较为突出，克扣挪用、截留私分、虚报冒领的问题时有发生；绩效激励约束作用不强，绩效评价结果与预算安排和政策调整的挂钩机制尚未建立。而财政医疗卫生支出作为财政支出的重要组成部分，也同样面临这些问题。另一方面，地方财政透明度不高。建立全面规范透明、标准科学、约束有力的预算制度是我国深化财税体制改革的主要目标之一，李燕和王晓（2016）的实证研究也表明财政透明的提升能够显著提高财政资金的使用效率。根据《中国财政透明度报告》公布的数据，我国 31 个省份财政透明度的平均得分从 2009 年的 21.71 上升到 2018 年的 53.49，表明地方政府财政透明度的整体水平显著提高，但在财政医疗卫生支出方面，地方财政的透明度仍然不高。2018 年仅河北、辽宁、黑龙江、湖南、甘肃和云南等 6 个省份公布了财政医疗卫生支出的项级科目，仅广东、广西、宁夏和青海等 4 个省份公布了财政医疗卫生支出的款级科目，其余省份都至只公布了财政医疗卫生支出总额。财政透明是建设责任政府的“底线要求”，也是保障人民参政权利的基本条件，更是防止财政资金浪费和行政腐败的制度保障（刘小兵等，2010）。而我国大部分省份未公布类级以下的财政医疗卫生支出科目，降低了社会公众参与财政预算的能力，不利于提高资金的使用效率。

四、结论与政策建议

（一）结论

近年来我国医疗卫生事业取得了长足发展，但此次疫情也反映出财政在医疗卫生领域存在的一些问题。本文对财政医疗卫生支出的总量、结构和资金使用效率进行分析发现：我国财政医疗卫生支出总量已经高于部分同等收入国家，但人均财政医疗卫生支出、财政医疗卫生支出占总卫生费用和 GDP 的比重仍不及同等收入国家，与高收入国家的差距更加明显；财政医疗卫生支出的功能结构不合理，在疾病预防与诊治方面的投入不足，应急管理类支出占公共卫生支出的比重偏低，从而导致了医疗卫生体系预防与处理公共卫生事件的能力不足；财政医疗卫生经费的使用效率仍然不高，连年增长的支出总量未能有效提高居民的健康水平，地方政府在医疗卫生方面的财政透明度较低，大部分省份未公布类级以下的财政医疗卫生支出科目。

（二）政策建议

基于上述财政医疗卫生支出存在的问题，本文从以下三个方面提出完善医疗卫生体系，优化财政医疗卫生支出的政策建议：

1. 合理提高财政医疗卫生支出总量，鼓励和引导社会资本进入卫生领域

医疗卫生是保障人民健康的重要民生事业，财政则是促进医疗卫生体制改革，推动医疗卫生事业建设的主要资金来源。近年来我国财政医疗卫生支出总量增长明显，但医疗卫生支出的政府负担比例与中高收入国家还存在一定差距。此外，《“健康中国2030”规划纲要》明确提出，到2030年我国居民的主要健康指标要居于中高收入国家前列，而充足的财政资金是实现这一目标的重要保障。综上所述，政府应当建立可持续的医疗卫生财政投入机制，保持医疗卫生支出与财政支出同步增长，加快建立地方主体税种，缓解地方政府支出压力，为医疗卫生领域提供充足的资金保障。另外，私人部门进入医疗卫生领域有利于增加医疗卫生资源，扩大服务供给，满足人民群众多层次、多元化的医疗服务需求；有利于建立竞争机制，提高医疗服务效率和质量，完善医疗服务体系。因此，需要鼓励和引导社会资本进入医疗卫生领域，给予非公立医疗机构相应的税收优惠和财政补贴政策，激发私人部门提供医疗卫生服务的积极性，形成政府力量与社会力量的合力；放宽社会资本举办医疗机构的准入范围，合理界定公立与非公立医疗机构的执业范围，形成以公立医疗机构为主导，非公立医疗机构共同发展的多元化办医格局，最终实现医疗卫生事业与经济社会协调发展。

2. 优化财政医疗卫生支出功能结构，提升应急管理能力

提升医疗卫生体系的疾病防控能力和突发公共卫生事件应急管理能力是调整财政医疗卫生支出功能结构的重点任务，具体应从以下几个方面入手：首先，加大对疾病预防与控制中心、卫生监督所和传染病专科医院等具有疾病防控功能的医疗卫生机构的财政投入，重点保障县属及以下疾病预防机构配备均等的卫生防疫设施和技术人员，健全传染病网上直报系统，把以治病为中心的财政医疗卫生支出格局转变为以居民健康为中心；树立突发公共卫生事件风险防范意识，保障食品和药品监督管理方面的财政投入，强化食品药品安全监管，加快实现食品安全风险监测与食源性疾病报告网络的全覆盖。其次，保障基层医疗卫生体系的财政投入，提升基层医疗卫生机构的服务质量和卫生人员的积极性，改变居民不信任基层医疗卫生机构，患者向大型医院集中的局面，

形成分级诊疗、有序就医的良性格局，缓解二、三级医院在紧急时期的接诊压力。最后，提高公共卫生应急管理类支出，建立健全医疗卫生物资应急储备机制，同时各级政府应在《中华人民共和国预算法》规定的比例范围内，根据本地区财力和人口规模合理设定预备费计提比例，并严禁以各种手段挪用预备费，从而全方位提高医疗卫生体系的应急管理能力。

3. 完善预算绩效管理体系，提高地方政府财政透明度

全面实施预算绩效管理是推进国家治理体系和治理能力现代化的内在要求，是建立现代财政制度的重要任务，更是推动医疗卫生领域财政资金聚力增效的关键举措。为解决医疗卫生领域预算管理体系存在的问题，应加快建立全方位、全过程、全覆盖的预算绩效管理体系，将绩效理念深入融合到医疗卫生体系的每一环节；加强绩效指标设置的针对性、科学性以及评价结果的有效性，具体而言，应将人均预期寿命、居民健康素养水平和重大传染病死亡率等体现居民健康水平的指标纳入绩效指标体系，将绩效评价结果与医疗卫生资金分配挂钩，避免财政资金的重复投入和低效使用；及时准确地向社会公众公布预算绩效评价的方法与结果，采用第三方机构进行绩效评估，提高政府公信力和公众参与度。在财政透明度方面，《预算法》明确规定各级政府在编制预算时，需将包括财政医疗卫生支出在内的功能分类编列至项级科目，但就各地区公布的具体数据来看，仅有极少数省份公布了财政医疗卫生支出的项级科目。因此，亟须提高各地区财政透明度，细化和深化政府医疗卫生支出科目，尽量将数据公开到项级科目，并将地方各级政府的财政透明度纳入预算绩效管理体系，以缩小省际间的财政透明度差异；同时，应通过政府网站和社会化媒体多渠道公开财政信息，便于各级人大和社会各界了解资金使用去向，行使公众监督权力。

参考文献

[1] 李稻葵，厉克奥博. 走向全面复工：挑战与应对［R］. 北京：清华大学中国经济思想与实践研究院新冠疫情课题组，2020.

[2] 高萍. 区域基本医疗卫生服务均等化现状、成因及对策——基于全国各省面板数据的分析［J］. 宏观经济研究，2015（4）：90－97.

[3] 张宗光，张云策，王恩波，王秋仙，崔桂华，左群. 农村卫生资源配置研究的新视角与城乡卫生服务均等化的政策探讨［J］. 中国卫生经济，2013（10）：35－37.

[4] 孙开，崔晓冬. 基本医疗卫生服务均等化与财政投入研究［J］. 地方财政研究，2011（5）：4－8.

[5] 温连奎，杨莉，孙黎. 我国政府卫生支出的公平性研究［J］. 中国卫生政策研究，2016（7）：74－78.

[6] 丁忠毅，谭雅丹. 基本医疗卫生服务均等化的政府事权与支出责任划分之难［J］. 经济问题探索，2019（8）：45－52.

［7］胡善联．医疗卫生领域财政事权和支出责任划分研究——基于卫生经济学理论［J］．卫生经济研究，2018（10）：3－5．

［8］梁城城．财政透明度促进财政资金使用效率的拐点在哪里？——民生领域财政投资效率的经验验证［J］．现代财经，2017（6）：28－40．

［9］Heald D. Fiscal Transparency：Concepts，Measurement and UK Practice［J］．Public Administration，2003，81（4）：723－759．

［10］刘静．财政透明度对地方医疗支出效果的评价［J］．财政监督，2019（21）：90－95．

［11］王宝顺，刘京焕．中国地方公共卫生财政支出效率研究——基于 DEA-Malmquist 指数的实证分析［J］．经济经纬，2011（6）：136－140．

［12］李燕，王晓．国家治理视角下我国地方财政透明度对财政支出效率的影响研究［J］．中央财经大学学报，2016（11）：3－10．

［13］刘小兵，邓淑莲，温娇秀．中国省级财政透明度评估（2010）［J］．上海财经大学学报，2010（3）：50－57．

［14］李丹，裴育．财政透明度对财政资金配置效率的影响研究［J］．财经研究，2016（2）：40－49．

作者单位：中南财经政法大学财税学院

Thoughts on Optimizing Financial Health Expenditure under COVID－19 Epidemic Situation

Xue Gang　Liu Yanlong　Zhang Daoyuan

Abstract：The sudden outbreak of COVID－19 has caused a huge impact on the smooth operation of China's economy and the normal life of its residents. It also reveals that China's health care system needs to be further optimized. Finance is the foundation and important pillar of national governance，and the ability to effectively prevent and respond to non-traditional security incidents such as sudden public health crisis is an important manifestation of national governance capacity. This paper mainly analyzes the current situation and problems of China's fiscal medical expenditure from three aspects：the total amount，structure and fund efficiency of fiscal medical expenditure. The research finds that：China's total medical and health expenditure is relatively low, per capita fiscal medical and health expenditure, the proportion of fiscal medical and health expenditure in total health expenditure, fiscal expenditure and GDP is lower than that of countries with the same income, and there is still a certain gap with high-income countries. The structure of financial medical and health expenditure is out of balance, the investment in disease prevention and treatment is insufficient, and the proportion of emergency management expenditure in public health expenditure is low. The use efficiency of funds is still not high, the government budget performance management system is not perfect, and the financial transparency of local governments in medical and health expenditure is low. Finally, based on the above conclusions, suggestions are put forward to optimize the financial medical and health expenditure and improve the ability of disease prevention and emergency management of the medical and health system.

Key words: COVID – 19; Financial Medical and Health Expenditure; Use Efficiency of Funds

土地征收：致富机遇还是贫困陷阱

——基于 CFPS 数据的实证研究 *

谢 鹏

摘 要：在城镇化加速推进的背景下，土地征收的收入和财富分配效应是备受关注的热点问题。本文在梳理土地征收制度背景的基础上，首次利用 CFPS 数据，采用双重差分方法就土地征收对被征地农户收入和财富的影响进行实证研究，结果显示：土地征收导致农户财富显著增加，但对农户的收入产生明显的减收效应。机制分析表明其原因在于：土地征收使农户房产现值增加，从而增加家庭财富，但土地征收诱发被征地农户减少劳动时间，进而减少工资薪金收入。土地征收带来财富增加，本身是致富机遇，但如果劳动时间持续下降，从可持续生计的角度而言，有可能会陷入贫困陷阱。研究结论意味着地方政府应持续关注被征地农户家庭收入动态变化，并构建长效机制提高被征地农户家庭收入。

关键词：土地征收；致富机遇；贫困陷阱；双重差分

一、引言

在当前城镇化高速发展的历史阶段，土地征收既能保障城市扩张所需的土地资源，也能解决城市开发中地方政府财力不足的问题。然而，土地征收无可避免地形成了大量的失地农户。国家统计局数据显示，2010～2015 年，我国平均每年土地征收面积达到 262.52 万亩，按照这个标准，未来 20 年将要征用大约 5250 万亩农地转变为城市建设用地，按照人均 2.5 亩来算的话，将新增大约 2000 多万被征地农民。有学者预测，到 2030 年我国失地农民人数将超过 7800 万（李冬梅，2010）。在中国城乡二元经济的背景下，失去土地意味着农民的社会网络、收入结构及生产生活状况的剧烈变迁，其中最直接、最明显的是对收入与财富的冲击，以及在受到收入与财富冲击之后农户经济行为的

* 基金项目：中宣部文化名家暨“四个一批”人才项目“缩小我国收入与财富分配差距研究”（教社科司函〔2016〕35 号），国家社科基金一般项目“政府分权、公共治理与隐性经济研究”（17BJY231），广西财经学院经济与管理国家级实验教学示范中心开放课题“基于财税改革的财政学实验教学创新研究”（SFZX2017B04）。

变化。

我国特有的土地制度和土地征收制度决定了农户在土地增值收益中的分配关系。当前农村土地产权结构的主要特征是“三权分置”，即土地所有权为村集体所有，承包权和经营权为农户实际拥有，地方政府可以根据“公共利益”将农地产权由集体所有变更为国家所有，但政府需要支付一定的成本，即由土地补偿费、安置补助费、地上附着物补偿费和青苗补偿费等构成的征地补偿费和住房、社保等安置措施。随着城镇化的发展和土地征收制度的完善，中国的征地补偿标准经历了从年产值倍数法到统一年产值法再到区片综合地价法的演进，总体朝着保障被征地农民利益和增进市场化程度的方向发展（张东辉、刘新华，2013）。但农户“拒征”的现象仍然大量存在，据中国社科院《2013年中国社会形势分析与预测》，因征地拆迁导致的群体性事件占群体性事件总数的一半左右。就“拒征”农户而言，主要是由于征地补偿、就业、社会保障等诉求没有得到满足，从农户家庭金融的角度来看，这些诉求本质上是收入与财富的可持续性未获得保障的问题。因此提高土地征收的认可度和满意度需要研究：征地给农民的收入和财富带来了怎样的冲击？农户的经济行为在征地前后是否会产生变化？经济行为变化会产生什么后果？只有深入理解征地对农户收入和财富的冲击以及由此导致的农户经济行为变化，才能在准确评价土地征收政策的基础上，采取正确的干预措施，构建公平合理的收入和财富分配秩序。

本文就土地征收对农户收入与财富的影响进行系统评价。首先，运用2010～2016年CFPS调查数据，采用双重差分法就土地征收的平均处理效应进行估计，结果表明：土地征收能显著增加家庭财富，但家庭收入有明显的减收效应。其次，就土地征收影响农户收入与财富的作用机制进行检验，显示土地征收诱发农户减少劳动时间，从而对工资性收入产生负向影响；土地征收后财富的增加主要通过房产现值的提高实现。最后，通过安慰剂检验与倾向匹配双重差分方法可知，本文的结论较为稳健和一致。

二、文献综述

一般而言，政府有三种方式获得私有财产：征收、自由交易和没收，征收是由政府主导，以实现公共利益为目的获取私有财产，并对被征收主体提供补偿的行为。根据“科斯定理”，只要产权是清晰界定的，且交易费用为零，无论谁拥有初始产权，产权交易都是有效率的。采用征收方式有利于解决交易费用较高的问题，但对被征收方的补偿往往偏离土地市场价值。蒙克（Munch，2000）实证研究了1962～1970年芝加哥的城市化进程，得出结论：低价值的财产一般会得到低于市场价值的补偿，而高价值的财产往往会得到高于市场价值的补偿，财产补偿价格与市场价值的差额主要取决于履行法律程序的成本。常（Chang，2010）通过对纽约市的实证研究也发现40%的家庭获得比市场价值更高的补偿，而50%的家庭得到的补偿低于公正补偿。

中国的土地征收有其独特的历史渊源和制度背景。1950 年土地改革，将地主土地私有制转变为农民土地私有制，实行农民个体家庭经营。但 1958 年土地改革将城市所有土地收归国有，农村所有土地归属集体所有，这种土地所有权划分标准一直沿用到今天（Yeh and Wu，1996）。1986 年颁布的《土地管理法》及 1988 年的宪法修正案，将土地所有权与土地使用权分离，为土地市场化改革奠定了基础（Ding，2003）。1994 年分税制改革，财政体制由地方政府包干制转变为分税制，财权向中央集中，事权向地方下移，与土地相关的财政收入成为地方政府重要收入来源，土地征收作为土地“农转非”的唯一途径，在地方经济发展和城市化进程中发挥越来越重要的作用，也深刻影响着收入分配格局。

在当前的城乡二元体制下，土地是农民立身之本，土地补偿和安置补助标准对被征地农户的长远生计有直接影响。2004 年修订的《土地管理法》规定，土地补偿和安置补助费之和不得超过土地被征收前 3 年平均产值的 30 倍。2004 年国务院颁布的《关于深化改革严格土地管理的决定》和国土资源部制定的《关于完善征地补偿安置制度的指导意见》强调“按 30 倍计算仍不足以维持原有生活水平的，由当地政府从国有土地有偿使用收益中安排补贴”。2006 年国务院发布的《关于加强土地调控有关问题的通知》规定，征地补偿和安置补助必须以确保被征地农民原有生活水平不降低、长远生计有保障为原则。总体来看，三个文件逐步放宽了最高标准的限制，征地补偿水平和市场化程度不断提高，但终究没有考虑土地市场化之后形成的增值，农民不能分享土地增值收益，农村支持城市的倾向比较明显。谭术魁、王斯亮（2015）阐释了征地价格扭曲的产生机理，测度了 2005～2011 年全国、东中西三大区域和 18 个省级行政区的征地价格扭曲程度，分析其特征及影响因素，结果表明：2005～2011 年，征地价格扭曲度从 80.94% 提高到 88%。这种土地征收和出让价格的“双轨制”既助推了与土地有关的违法活动，又导致城乡收入差距扩大（董全瑞，2013）。

对于被征地农户的经济状况，已有研究存在两种截然不同的观点，一是土地征收导致农户经济状况恶化。从征地补偿标准来看，征地补偿没有对土地的市场价值进行定义，没有土地权益的概念，也没有要求赔偿的权利（Chan N，2003），土地补偿标准不能维持农民合理的生活水准（柴国俊、陈艳，2017）。从补偿方式来看，一次性的货币安置方式，对于缺乏理性消费观念的失地农民来说难以解决持续发展问题（鲍海君等，2016）；从补偿执行情况来看，各地普遍采取的是法定的最低标准，导致补偿水平低、补偿不到位（高珊、徐元明，2004），且政策随意性较大（蔡继明、苏俊霞，2006），部分地区甚至以公共利益的名义，未给农民任何补偿，造成很多“三无农民”（侯江华，2015）。二是土地征收能持续改善农户经济状况。基于上海、成都等地的调查数据实证研究发现：征地对当地农民收入的负面影响并不显著，大部分被征地农户收入不降反升（史清华等，2011；崔宝玉等，2016）；除了直接增加农户收入，征地补偿还会通过缓解金融约束而促进劳动力流动，进而促进收入持续增长（柴国俊、王军辉，2017）。对部分失地农户来说，多元化的就业渠道避免了被征地农民“失地失业”现象（史清华等，2011），并通过提高劳动的边际报酬发挥工资的替代效应，激励劳动者增加劳动供给（崔宝玉、谢煜，2015）。

除不断提高的征地补偿外，为确保被征地农民的长期生计，被征地农户也被纳入社会保障范畴。《国务院关于加强土地调控有关问题的通知》（2006）规定，被征地农民的社会保障费用按有关规定纳入征地补偿安置费用，不足部分由当地政府从国有土地有偿使用收入中解决。但仍然有学者认为很多被征地农民处于社会保障的“真空地带”（侯江华，2015），农村非劳动力的教育、养老问题等都给失地农民带来了沉重的负担（肖湘雄，2014）。

从已有文献来看，学术界对土地征收是否能持续改善被征地农户的经济状况存在显著分歧，本文认为主要是出于以下原因：一是囿于数据限制等原因，鲜见有关征地话题的全国范围内的微观实证研究，不管以传统农区还是发达地区失地农户作为研究对象，都会产生样本选择偏差，影响研究结论的代表性与可靠性。二是转型期土地征收补偿安置政策处于不断完善的过程，早期的研究多数认为土地征收补偿偏低，不利于农户长期经济状况的改善，后期的研究恰好相反。三是已有研究对土地征收效应的研究主要集中在对农户收入方面，但根据国际通用的“堪培拉”法则（许宪春，2015），征地补偿等一次性收入不能计入家庭收入，而只能计入家庭财富，仅研究农户家庭收入不足以全面反映农户在土地征收后的经济状况。四是因果关系识别不够清晰。在评价方法上，已有研究往往通过使用单差法直接对比土地征收前后的农户民生指标来作出判断。从科学的角度看，这种方法不能准确识别出土地征收对于农户民生的净效应。因为即使没有土地征收，被征地农户可能会因为其他原因获得收入和财富增长。五是已有研究较少考虑农户在获得土地征收补偿后的经济行为变化，结果具有片面性。基于上述考虑，我们认为需要在全国范围样本数据的基础上，采用科学的识别方法，分别就土地征收对农户的收入与财富进行研究。由于2010年后，我国土地征收补偿和安置政策已基本稳定，选取2010年以后时间段进行研究能使结果具有较强的代表性和可信度。

三、土地征收对居民收入与财富的影响机制

1. 财富效应

根据国家统计局住户一体化调查所遵循的“堪培拉”法则（许宪春，2015），家庭收入不包括“意外之财”及其他非经常性和一次性的所得，因此土地补偿和安置补助不能计入家庭收入，只能计入家庭财富。根据《土地管理法》，土地补偿和安置补助费之和不得超过土地被征收前3年平均产值的30倍，土地补偿和安置补助相当于将未来30年土地价值进行一次性提取，必然带来农户财富的一次性增加。随着土地征收补偿和安置补助标准的市场化程度逐步提高，土地征收对被征地农户的财富效应越来越明显。此外，随着征地补偿方式的变革，农户通过土地征收获得财富的途径也更加多样化，部分地区被征地农民可以选择接受同等价值的商品房作补偿，如重庆实施“地票”制度，支持被征地农民直接进城买房；山东、安徽、江苏、河北、河南、四川等地实行“撤村并居”，创造条件让“农民上楼”。根据现行土地产权制度，农村宅基地及其附着物不能进行市场交易，因此没有市场价值，而商品房价值是居民财富的重要组成部分。由此提出：

假说1：土地征收导致被征地农户财富明显增加，尤其是房产现值增加较多。

2. 收入效应

金额较大的征地补偿可能导致被征地农户的经济行为发生变化。根据传统的劳动和闲暇交易模型（labor-leisure trade model），土地征收补偿带来的一次性财富增加会导致农户从主观上减少劳动时间，从而带来工资薪金收入减少。假定消费者的休闲时间为L（小时），劳动时间为W（小时），商品的消费为C，消费者总效用是休闲和消费效用的单调递增函数，即：$U=f(L, C)$。消费者面临两个约束条件：其一是时间约束，即一天只有24小时在闲暇和工作之间进行分配，$L+W=24$；其二是支出约束，消费支出等于家庭工资薪金收入加非工资薪金收入，$C=wL+N$，w为工资率，N为非工资薪金收入，这里指土地征收补偿。将两个约束条件合并可得：$C=w(2L)+N$，进行变换可得：$L=2(C-N)/w$。该式表明，在工资率w为正的情况下，闲暇消费需求与非工资薪金收入正相关，与工资率负相关。土地征收使农户获得一次性的土地征收补偿，N大幅增加，导致农户对闲暇的需求增加，劳动时间W减少，从而导致工资薪金收入下降。此外，由于户籍制度、就业歧视、房价过高等因素，被征地农户的再就业渠道不通畅，从客观上导致被征地农民减少劳动时间。基于浙江省的调查数据发现，35%的失地农民在土地征收后失业。根据劳动经济学原理，劳动时间代表劳动参与程度，是决定农户家庭收入的重要因素，劳动时

间下降必然带来工资收入下降。而以不动产和金融资产为主的家庭财富则与劳动时间没有直接关联。由此提出：

假说 2：土地征收后被征地农户减少劳动时间，带来工资薪金收入下降，集中体现为家庭收入下降。

四、数据、模型和方法

本文使用中国家庭动态跟踪调查（Chinese Family Panel Studies，CFPS）数据评估土地征收对被征地农户收入与财富影响，该项目于 2010 年进行初始调查，2011 年进行维护调查，2012 年、2014 年、2016 年分别进行了跟踪调查。数据覆盖了全国 25 个省/市/自治区（西藏、青海、新疆、宁夏、内蒙古、海南、香港、澳门、台湾不在其列），调查规模为 16000 户左右。该调查通过跟踪收集个体、家庭、社区三个层次的数据，反映中国社会、经济、人口、教育和健康的变迁。本文采用 CFPS 数据基于以下两个方面原因：一是运用该跟踪调查数据可构建以农户为单位的 4 期（2010 年、2012 年、2014 年、2016 年）面板数据模型，便于考察农户在征地前后的收入和财富变化情况；二是数据信息较为全面，除了农户的空间位置、征地时间等信息外，还采集了家庭中每个成年人的学历、自评健康、劳动时间等关键信息，以及所在村落的地理位置、资源禀赋等丰富信息，能更加全面地反映土地征收影响被征地农户收入与财富的微观机制。

为全面度量农户收入与财富，本文的因变量包括家庭收入、家庭财富以及两者的组成部分。农户的家庭总收入包括工资薪金收入、经营性收入、财产性收入和转移性收入。家庭财富本应包括金融资产、房产净值、动产与耐用消费品、生产经营性资产、非住房负债等资产，但由于仅在 2010 年、2012 年调查中统计了详细的财产信息，而房产现值、金融资产现值以及现金和存款在 4 次调查中都比较完整，该三项财富占比大、变动快、与农户生计有密切关系，能基本反映出本文揭示的问题，因而本文将这三项财富的总和作为家庭财富的代理变量。为确保研究的可比性，将所有农户收入与财富金额除以所在省份以 2010 年为基期的 CPI 指数，得到价格平减之后的收入与财富数据。所有变量的详细计算方法见表 1。

本文关注的核心自变量是土地征收虚拟变量（$treatment_i$），在样本范围内，如果 2011 年调查中该农户土地被征收，赋值为 1；否则，赋值为 0。本文选取 2010 年、2011 年、2012 年、2014 年、2016 年调查中都存在的 6638 个农户作为研究样本。在这些农户中，2011 年和 2012 年共有 338 户经历了土地征收，2014 年为 434 户，2016 年为 401 户。189 个农户在 2011 ~ 2016 年调查中经历了两次或两次以上土地征收，剔除重复计数，样本期内共有 984 个家庭经历了土地征收。

为准确识别土地征收对农户收入与财富的影响，本文构建双向固定效应模型，采用双重差分（DID）方法，比较土地被征用的农户和未被征地的农户收入与财富的差别，基准回归模型如下：

$$Y_{it} = \beta_0 + \beta_1 land_{it} + \gamma_t + \mu_i + \varepsilon_{it} \tag{1}$$

其中，i 和 t 分别代表农户个体和时间，Y_{it}代表农户收入或财富，μ_i表示农户的个体固定效应，用于捕捉影响农户收入与财富，但不随时间变化的个体特征；γ_t为时间固定效应，用于捕捉随时间变化，对全部个体都产生影响的未知因素；ε_{it}为随机误差项。$land_{it}$表示农户的土地征收特征，具体而言，$land_{it} = treatment_i \times post_{it}$，$treatment_i = 1$ 代表农户在样本期经历了土地征收，反之，$treatment_i = 0$。$post_{it}$是时间虚拟变量，当 $t \geqslant t_{i0}$时取值为 1，当 $t \leqslant t_{i0}$时取值为零，t_{i0}表示农户 i 土地被征用的时间。β_1是我们最关注的回归系数，代表平均处理效应。在回归方程中，我们对农户层面的标准误进行聚类。

用 DID 模型估计平均处理效应的一个基本假定是处理组和控制组必须满足平行趋势假定，即如果不存在土地征收的政策冲击，所有农户收入与财富的变动趋势并不存在系统性差异。但一个主要的威胁是土地征收对象并不是随机选择的，计算出的平均处理效应可能包含土地征收农户和未被土地征收之间系统性差异产生的效应。为解决这个问题，优化识别效果，我们沿用根茨科夫（Gentzkow，2006）提出的解决方法，具体而言，在基准模型中加入土地征收对象选择的关键决定因素，从而将这些决定因素导致的系统性差异控制起来。根据城市扩张的基本规律，农户的地理位置和村落的地理位置是决定农户土地是否被征用的重要因素。从农户地理位置来看，距离城市越近的农户越容易土地征收；从村落的地理位置来看，村落距离县城、省城越近，该村土地征收的可能性越大。此外，矿产资源越丰富的村落，进行开发和土地征收的可能性越大，而自然灾害越频繁的村落，进行开发和土地征收的可能性越小。因此，我们认为从家到最近的市（镇）商业中心所花时间、村委会距本县县城距离、村委会距本省省城距离（里）、本村是否是矿产资源区、本村是否是自然灾害频发区这五个变量是土地征收的关键选择变量。

此外，我们在解释变量中加入反映农户社会经济特征的变量。依据生命周期理论，家庭收入函数应包括年龄；依据人力资本理论，家庭收入的函数应包含劳动力受教育年限；根据健康经济学和人口经济学理论，家庭收入函数还加入家庭劳动力的健康状况和家庭抚养比作为控制变量；考虑到党员家庭在就业创业中的模范带头作用，还加入政治倾向作为控制变量。家庭财富方程控制变量与家庭收入方程一致。

为了减少离群值对估计结果的影响，我们对所有的连续变量进行5%的“缩尾处理”（Winsorization）。表1汇总展示了这些变量的定义和描述性统计结果。

表1　　变量定义和描述性统计结果

变量	变量定义	均值	标准误	最小值	最大值
land	征收，1；未被征收，0	0.1482	0.3553	0	1
genincome	家庭总收入/万元	2.4640	2.3810	0	11.8092
genwealth	家庭总财富/万元	12.6544	14.9621	0.0001	56.0042
ln*working*	劳动时间（家庭每个成年人劳动时间总和）取自然对数	7.7626	1.0318	0	8.9947
edu	受教育程度（家庭每个成年人的受教育年限的平均值）	3.1321	3.7619	0	11.5000
party	政治倾向（家庭中是否有党员）	0.0733	0.2607	0	1
health	健康水平（家庭每个成年人的自评健康程度平均值）	2.8139	1.0132	1	4.6667
age	年龄（家庭每个成年人的平均年龄）	46.6100	11.6836	30	70
depratio	家庭抚养比（非劳动人口数/劳动人口数）	0.6010	0.6898	0	2.5000
*distance*1	从家到最近的市（镇）商业中心所花时间（分钟）	31.9057	22.6883	5	90
*distance*2	村委会距本县县城距离（里）	38.7389	30.5115	5	120
*distance*3	村委会距本省省城距离（里）	365.8055	273.3259	45	1080
mineral_dum	本村是否是矿产资源区（是，1；否，0）	0.0875	0.2826	0	1
disaster_dum	本村是否是自然灾害频发区（是，1；否，0）	0.4270	0.4947	0	1

注：①家庭健康水平的度量为：非常健康=1，一般=2，比较不健康=3，不健康=4，非常不健康=5。

②劳动力受教育程度的度量为：小学以下=0，小学毕业=6，初中毕业=9，高中（含中专、技校）毕业=12，大专=16，本科毕业=16，硕士=19，博士=23。

③*genicome*（家庭收入）等于*salary*（工资薪金收入）、*porinc*（财产性收入）、*operinc*（经营性收入）与*traninc*（转移性收入）总和；*genwealth*（家庭财富）等于*housvalue*（房产现值）、*finvalue*（金融资产现值）和*cash*（现金存款）的总和。

为控制各变量可能对农户收入与财富产生的非线性影响，减少遗漏变量的内生性问题，我们对控制变量进行变换，以增强模型的灵活性。在表1第三列和第六列中，所有控制变量分别与时间虚拟变量γ_t交乘，以控制这些变量随时间变化对农户收入与财富的不同影响。修正的 DID 模型如下：

$$Y_{it} = \beta_0 + \beta_1 land_{it} + (S \times \gamma_t)^{'} \theta + \gamma_t + \mu_i + \varepsilon_{it} \quad (2)$$

其中，S 为所有控制变量。

为进一步检验识别结果的稳健性，我们一是进行安慰剂检验（placebo test），即在所有农户中随机选择土地征收农户，构建双重差分模型，比较核心变量的系数与原估计系数之间的差异；二是使用倾向匹配双重差分法（PSM-DID），消除处理组和控制组的系统性差异。

五、计量结果

1. 双重差分（DID）回归结果

就农户家庭收入方程而言，表 2 第（1）列基准方程，解释变量仅包括土地征收变量、农户固定效应和年度固定效应，第（2）列在第（1）列的基础上加入上述控制变量，第（3）列在第（1）列的基础上加入控制变量与年度虚拟变量的交乘项。结果显示，第（1）、第（2）、第（3）列中土地征收变量的估计系数均在 1% 的水平上显著为负，土地征收导致农户家庭收入明显减少。第（3）列显示土地征收导致被征地农户家庭收入平均减少 0. 3226 万元。

表 2　　土地征收对农户家庭收入与财富的影响

解释变量	*genincome*			*genwealth*		
	(1)	(2)	(3)	(4)	(5)	(6)
land × *post*	−0. 2814*** (0. 0839)	−0. 3172*** (0. 0953)	−0. 3226*** (0. 0960)	2. 7863*** (0. 6076)	2. 6390*** (0. 6705)	2. 6079*** (0. 6690)
控制变量		控制			控制	
控制变量 × 年份虚拟变量			控制			控制
农户固定效应	控制	控制	控制	控制	控制	控制
年份固定效应	控制	控制	控制	控制	控制	控制
R^2	0. 2736	0. 2505	0. 2513	0. 5486	0. 5097	0. 5125
样本量	25472	20950	20950	23697	19439	19439

注：括号中为标准误；*** 表示显著性水平 1%；控制变量包括 *edu*、*party*、*health*、*age*、*depratio*、*distance1*、*distance2*、*distance3*、*mineral_dum*、*disaster_dum*。

表2第（4）、第（5）、第（6）列为农户家庭财富方程，其解释变量分别与第（1）、第（2）、第（3）列一致，各方程中土地征收变量的估计系数均在1%的水平上显著为正，表明土地征收导致被征地农户财富明显增加。第（6）列显示土地征收导致被征地农户家庭财富平均增加2.608万元。

2. 安慰剂检验结果

在上述结果的基础上，我们设置安慰剂检验，随机选择农户是否进行土地征收，考察表2的估计结果是否受未知因素影响。在样本期，共有4个年份选择农户是否被土地征收，分别为2010年、2012年、2014年和2016年，根据DID计算方法的要求，不能选择第一年和最后一年，只能在2012年、2014年两个年份进行土地征收农户的随机选择。前文已述，2012年、2014年分别有338户、434户经历了土地征收，我们在2012年、2014年样本中随机选取338户、434户作为土地征收农户作为处理组，估计方程与表2第（3）列和第（6）列一致。估计结果显示：随机选取的土地征收变量无论对于农户家庭收入还是财富的影响均不显著，系数均接近0。为增强安慰剂检验的识别力度，我们将上述过程重复500次。

图1和图2分别展示了在500次安慰剂检验中，土地征收对农户家庭收入和财富的平均处理效应分布状况。图1显示平均处理效应服从均值为0，标准差为0.093的正态分布，表明安慰剂检验中土地征收对农户家庭收入基本上没有影响。图2显示平均处理效应服从均值为-0.011，标准差为0.502的正态分布，表明安慰剂检验中土地征收对农户家庭财富也没有显著影响。比较表2的系数与安慰剂检验中的系数值发现：表2第（3）列中土地征收变量系数为-0.3226，位于图1中所有安慰剂检验系数值的左侧；表2第

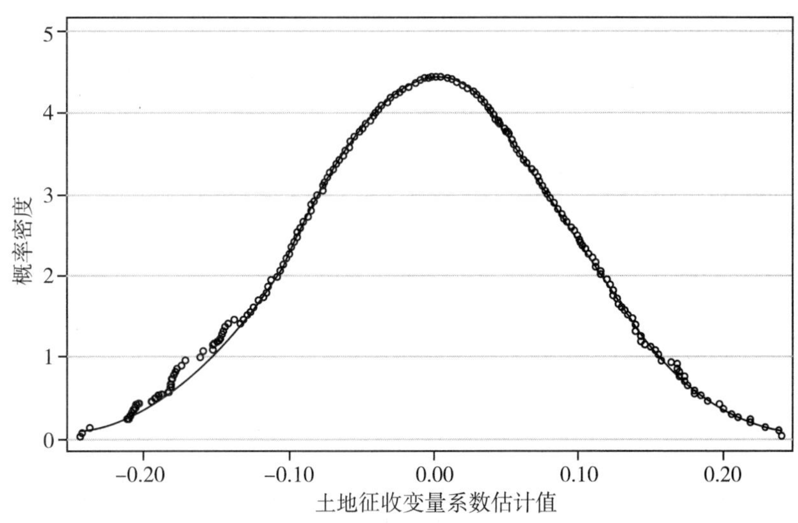

图1　家庭收入方程的安慰剂检验系数分布

(6) 列中土地征收变量系数为 2.6079，位于图 2 所有安慰剂检验系数值的右侧，表明土地征收影响农户家庭收入与财富的估计结果基本没有受到未知因素的干扰。

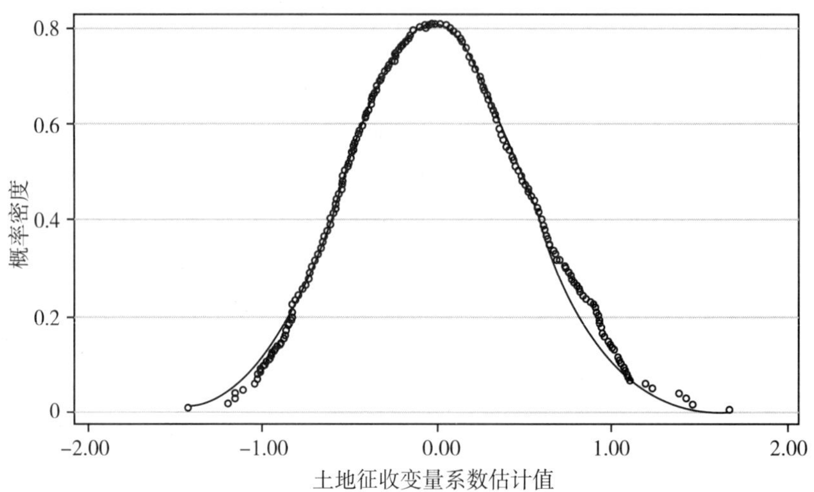

图 2　家庭财富方程的安慰剂检验系数分布

3. 倾向匹配双重差分方法检验结果

为了进一步缓解被征地农户与未被征地农户收入与财富变动趋势存在的系统性差异，降低 DID 估计的偏误，采用 PSM-DID 方法进行稳健性检验。首先用$treatment_{it}$变量对前文所述的控制变量进行 Logit 回归，获得倾向得分，结果显示：距离村中心集镇距离（*distance*1）、村委会距县城距离（*distance*2）、是否属于矿产资源区（*kuangchan*）对是否征地具有显著影响，被征地农户的基本特征是居住在距离村中心集镇较远、村委会距县城较近、人均收入比较高的村落，且越是在矿产资源区，土地征收的可能性越大。为了确保 PSM-DID 方法的有效性，我们进行了数据平衡性检验（Data Balancing Test），考察在进行匹配后各变量在处理组与控制组之间是否变得更为平衡，表 3 报告了平衡性检验结果：所有控制变量在处理组和控制组之间并不存在显著差异，说明使用 PSM-DID 方法具有可行性。

表 3　PSM-DID 平衡性检验结果

变量	控制组均值	处理组均值	差分	t	$Pr(T>t)$
edu	5.201	5.224	0.023	0.28	0.7764
party	0.107	0.104	-0.003	0.35	0.7245
health	1.908	1.892	-0.016	0.68	0.4957

续表

变量	控制组均值	处理组均值	差分	t	$Pr(T>t)$
age	46.304	46.157	-0.147	0.49	0.6266
depratio	0.538	0.549	0.012	0.67	0.5029
distance1	31.026	30.906	-0.12	0.21	0.835
distance2	24.111	23.63	-0.481	0.98	0.3276
distance3	250.463	246.24	-4.223	0.98	0.3265
mineral_dum	0.088	0.117	0.028	1.43	0.1326
disaster_dum	0.292	0.279	-0.014	1.13	0.2567

资料来源：笔者运用 Stata15.0 计算得到。

在确保各控制变量在处理组和控制组间不存在明显差异的基础上，运用核匹配（kernel matching）进行估计。表 4 显示：土地征收导致农户家庭收入平均减少 0.2415 万元，农户家庭财富平均增加 2.6501 万元，均在 1% 的水平上显著。该结论进一步支撑了前文 DID 方法的估计结果。

表 4 土地征收对被征地农户收入和财富的平均处理效应：PSM-DID 稳健性检验

被解释变量	土地征收前			土地征收后			双重差分值
	控制组	处理组	差分值	控制组	处理组	差分值	
genincome	2.1713	2.5775	0.4062***	2.5499	2.7146	0.1647***	-0.2415***
标准误			0.0661			0.0389	0.0767
t 统计量			6.14			4.23	3.15
p 值			0.0000***			0.0000***	0.0020***
genwealth	8.9674	11.4059	2.4384***	12.3131	17.4015	5.0885***	2.6501***
标准误			0.4462			0.2663	0.5196
t 统计量			5.46			19.11	5.10
p 值			0.0000***			0.0000***	0.0000***

注：*** 表示显著性水平为 1%；对于 *genincome* 和 *genwealth* 两个变量，参与匹配的样本数分别为 20120 个和 17138 个，其中处理组的样本数分别为 2971 个和 2615 个，控制组样本分别为 17149 个和 14523 个。

以上环节检验结果发现，土地征收增加了被征地农户家庭财富，但导致家庭收入减少。那么土地征收对家庭收入和家庭财富的各组成部分是否存在影响？通过什么渠道产生影响？下面再次运用 DID 方法，就土地征收对农户家庭收入和财富的影响渠道进行检验。

表 5 报告了分项考察结果，其中：第（1）列至第（4）列的被解释变量分别为家庭收入的 4 个组成部分：工资薪金收入（*salary*）、财产性收入（*proinc*）、经营性收入（*operinc*）和转移性收入（*traninc*），第（5）至第（7）列的被解释变量分别为家庭财富的 3 个组成部分：房产现值（*housvalue*）、金融资产现值（*finvalue*）、现金和存款（*cash*），所有方程均在解释变量中加入控制变量和年度虚拟变量的交乘项。回归结果显示：就农户家庭收入而言，土地征收导致工资薪金收入平均减少 0.4663 万元，导致经营性收入减少 0.0922 万元，对财产性收入和转移性收入没有明显影响；就家庭财富而言，土地征收导致房产现值平均增加 1.6561 万元，使现金和存款平均增加 0.4449 万元，但对金融资产没有显著影响，土地征收对被征地农户财富的影响主要通过增加房产现值和现金、存款实现，验证了假说 1。

表 5　　土地征收对农户收入与财富影响的分项考察结果

解释变量	*salary*	*proinc*	*operinc*	*traninc*	*housvalue*	*finvalue*	*cash*
	(1)	(2)	(3)	(4)	(5)	(6)	(7)
land × *post*	-0.4663*** (0.1634)	0.0147 (0.0154)	-0.0922** (0.0401)	0.0252 (0.0628)	1.6561** (0.6439)	0.5245 (5.5021)	0.4449* (0.2368)
控制变量 × 年份虚拟变量	控制	控制	控制	控制	控制	控制	控制
农户、年份固定效应	控制	控制	控制	控制	控制	控制	控制
样本量	9941	2166	15716	13383	17074	5496	12095
R^2	0.3899	0.6824	0.3950	0.6953	0.5527	0.3461	0.4228

注：括号中为标准误；*、**、*** 分别表示显著性水平 10%、5%、1%；控制变量包括 *edu*、*party*、*health*、*age*、*depratio*、*distance1*、*distance2*、*distance3*、*mineral_dum*、*disaster_dum*。

表 6 结果证实了土地征收对农户工资薪金收入的负向影响，但土地征收通过何种渠道影响农户工资薪金收入？我们借鉴卡特勒和勒拉斯·穆尼（Cutler & Lleras-Muney，2010）、鲁元平等（2018）的渠道效应检验方法，采用双重差分法就土地征收影响工资薪金收入的作用机制进行检验。根据劳动经济学原理，劳动时间代表劳动参与程度，是决定农户家庭收入的重要因素，土地征收是否通过影响劳动时间进而影响被征地农户的收入？我们以工资薪金收

入（*salary*）为被解释变量，采用双重差分模型就土地征收和劳动时间对工资薪金收入的影响进行检验，表6的第（1）列为基准方程，仅包含土地征收特征、对数形式的劳动时间、农户固定效应和年度固定效应；第（2）列在基准方程上加入前文所述控制变量；第（3）列在基准方程上加入控制变量与年度虚拟变量的交乘项。表6结果显示：三个方程中，劳动时间均在5%的水平上显著为正；比较表5第（1）列和表6第（3）列土地征收变量的估计系数可知，加入劳动时间变量后，土地征收对工资薪金收入的平均处理效应从-0.4663万元变动为-0.2159万元，显著性水平从1%变为不显著，表明劳动时间在土地征收与被征地农户工资薪金收入之间可能存在较强的中介效应。

表6　　土地征收和劳动时间对工资薪金收入的影响

解释变量	*salary*		
	(1)	(2)	(3)
land×*post*	-0.1800 (-0.8021)	-0.2068 (-0.7656)	-0.2159 (-0.7843)
ln*working*	0.1229** (2.4537)	0.1325** (2.0921)	0.1386** (2.1269)
控制变量		控制	
控制变量×年份虚拟变量			控制
农户、年份固定效应	控制	控制	控制
样本量	8212	6606	6606
R^2	0.3830	0.3639	0.3670

注：**表示显著性水平为5%。表中各列均添加了农户固定效应、年度固定效应和控制变量，控制变量形式与表3第（3）列和第（6）列一致。

上述环节实证结果表明：土地征收一定程度上通过劳动时间影响农户工资薪金收入，但土地征收对劳动时间究竟会产生怎样的影响？我们再次运用双重差分方法，以劳动时间为被解释变量，采用双重差分模型就土地征收对劳动时间的影响进行检验，表7的第（1）列为基准方程，仅包含农户固定效应和年度固定效应；第（2）列在基准方程上加入前文所述控制变量；第（3）列在基准方程上加入控制变量与年度虚拟变量的交乘项。三种形式的回归方程中，平均处理效应均为负，表明土地征收诱发农户减少劳动时间，由第（3）列可知，减少程度为20.68%。综上验证了假说2。

表 7　　土地征收对农户劳动时间的影响

解释变量	ln*working*		
	(1)	(2)	(3)
land × *post*	-0.1217 (-1.5946)	-0.2209** (-2.3133)	-0.2068** (-2.1499)
控制变量		控制	
控制变量×年份虚拟变量			控制
农户、年份固定效应	控制	控制	控制
样本量	17128	14018	14018
R^2	0.1142	0.1203	0.1360

注：** 表示显著性水平为5%；括号内为标准误。

六、主要结论与政策启示

近年来土地征收制度不断完善，但也存在很多亟待解决的问题，准确评价土地征收对农户收入与财富的影响是社会各界关注的热点问题。本文利用CFPS数据库2010~2016年数据，采用双重差分（DID）方法对土地征收是否增加被征地农户的收入与财富这一主题进行了实证研究。研究发现，土地征收使农户房产现值增加，从而增加家庭财富，但同时也引发农户减少劳动时间，从而导致农户工资薪金收入下降。土地征收带来财富增加，本身是致富机遇，但如果劳动时间持续下降，有可能会陷入贫困陷阱。研究结论具有以下政策启示：

1. 科学制定征地补偿方案

被征地农民的经济状况取决于收入与财富两个方面，收入是财富的流量，财富是收入的存量。征地补偿导致财富增加，无疑会改善农户经济状态，但如果财富增值的速度慢于收入减少的速度，农户的经济状况就会不断恶化，再加上失去了土地这个保障和依托，被征地农户有陷入贫困的危险。地方政府要将被征地农户长期收入不降低作为一项重要的民生工程，根据农户资产配置的现状，科学制订征地补偿和安置补助方案，使农户的收入与财富同时增长。

2. 构建农户收入较快增长的政策环境

被征地农户被迫转换生产、生活方式，被动融入城市，其中必然存在一个"磨合期"和"过渡期"，农户减少劳动时间有客观环境的原因。因此，地方政府一是要加快城乡一体化步伐，打破户籍等制度性壁垒，使被征地农民从身份上与城市居民无缝对接；二是将公共服务延伸到失地农民，在其就业、教育、医疗、社保等方面给予城市居民同等的待遇，使失地农民顺利转换角色；三是尝试从土地出让收益中拿出部分资金，建立专门为失地农户服务、解决其就业问题的专项基金，通过财政补贴、贷款贴息、配套奖励等方式鼓励失地农户就业创业，同时采取政策和财政资金优惠，鼓励企业吸纳被征地农民。

3. 密切持续跟踪被征地农户的经济行为

根据本文测算，农户家庭中劳动力的平均受教育年限仅有 3.13 年，由于文化层次较低，不可避免存在一些短视行为。为确保被征地农户的长远生计，在土地征收后，要长期跟踪被征地农民的经济行为，特别是密切关注征地对农户的精神面貌、心理状态、生活态度以及人生观、价值观等方面的长期影响，并采取措施激励农户勤劳致富，避免“好逸恶劳”“坐吃山空”的现象。

虽然本文就土地征收对家庭收入的影响机制进行了初步探索，得到一些有益的结论，但仍有进一步细化的空间：一是土地征收对经营性收入减少的影响机制仍然不够清晰；二是土地征收引致农户劳动时间减少，但到底是由于征地后就业保障不到位，还是由于农户的工作积极性下降造成的，囿于数据的限制，本文的研究尚无法得出答案，有待在今后的研究中进一步强化。

参考文献

［1］李冬梅，钟永圣．论我国城市化进程中失地农民的社会保障问题［J］．财政研究，2010（5）：60－63.

［2］张东辉，刘新华．我国征地补偿标准测算方法的演变分析［J］．现代经济信息，2013（17）：419－420.

［3］Liu C. The Chinese Takings Law From a Comparative Perspective［J］. Washington University Journal of Law & Policy, 2008（26）：301.

［4］Munch P. An Economic Analysis of Eminent Domain［J］. Journal of Political Economy, 2000, 84（3）：473－497.

［5］Chang Y. An Empirical Study of Compensation Paid in Eminent Domain Settlements：New York City, 1990－2002［J］. Journal of Legal Studies, 2010, 39（1）：201－244.

［6］Yeh G O, Fulong W U. The New Land Development Process and Urban Development in Chinese Cities［J］. International Journal of Urban & Regional Research, 1996, 20（2）：330－353.

［7］Ding C. Land Policy Reform in China：Assessment and Prospects［J］. Land Use Policy, 2003, 20（2）：109－120.

［8］谭术魁，王斯亮．城市偏向视角下的征地价格扭曲：机理、测度与特征［J］．中国土地科学，2015（9）：58－65.

［9］董全瑞．路径依赖是中国城乡收入差距扩大的内在逻辑［J］．经济学家，2013（10）：89－93.

［10］Chan N. Impact of Contaminated Land Adjoining the New Disney Theme Park in Hong

Kong [J]. Pacific Rim Property Research Journal, 2003, 9 (3): 265 -280.

[11] 柴国俊, 陈艳. 征地补偿的多与寡: 公平与效率视角 [J]. 农业经济问题, 2017 (2): 16 -21.

[12] 鲍海君, 方妍, 雷佩. 征地利益冲突: 地方政府与失地农民的行为选择机制及其实证证据 [J]. 中国土地科学, 2016 (8): 21 -27, 37.

[13] 高珊, 徐元明. 江苏省农村土地征收与收益分配研究 [J]. 中国人口·资源与环境, 2004 (2): 55 -59.

[14] 蔡继明, 苏俊霞. 中国征地制度改革的三重效应 [J]. 社会科学, 2006 (7): 133 -138.

[15] 侯江华. 城镇化进程中被征地农民的权益损害与征地纠纷——基于全国 31 省被征地农户的调查 [J]. 西北农林科技大学学报 (社会科学版), 2015 (3): 1 -8.

[16] 史清华, 晋洪涛, 卓建伟. 征地一定降低农民收入吗: 上海 7 村调查——兼论现行征地制度的缺陷与改革 [J]. 管理世界, 2011 (3): 77 -82, 91.

[17] 崔宝玉, 谢煜, 徐英婷. 土地征用的农户收入效应——基于倾向得分匹配 (PSM) 的反事实估计 [J]. 中国人口·资源与环境, 2016 (2): 111 -118.

[18] 柴国俊, 王军辉. 征地、金融约束与劳动力流动 [J]. 人口研究, 2017, 41 (2): 57 -70.

[19] 崔宝玉, 谢煜. 失地农户养老保障对劳动供给的影响——农村土地的社会保障功能 [J]. 中国人口·资源与环境, 2015 (12): 15 -16.

[20] 肖湘雄. 征地拆迁过程中的多元主体协同研究——基于湖南省湘潭市的调查 [J]. 中国行政管理, 2014 (1): 55 -58.

[21] 许宪春. 中国收入分配统计问题研究 [M]. 北京: 北京大学出版社, 2015: 23.

[22] Gentzkow M. Television and Voter Turnout [J]. Quarterly Journal of Economics, 2006, 121 (3): 931 -972.

[23] Cutler D M, Lleras-Muney A. Understanding Differences in Health Behaviors by Education [J]. Journal of Health Economics, 2010, 29 (1): 1 -28.

[24] 鲁元平, 张克中, 欧阳洁. 土地财政阻碍了区域技术创新吗? ——基于 267 个地级市面板数据的实证检验 [J]. 金融研究, 2018 (5): 101 -119.

作者单位: 湖南省株洲市财政局

Land Acquisition: Opportunity to Become Rich

Xie Peng

Abstract: In the context of accelerated urbanization, the income of land expropriation and the distribution of wealth are the hot issues that are of great concern. On the basis of combing the land acquisition system background, this paper uses CFPS data for the first time, adopts the difference in difference method to make an empirical research on the influence of land acquisition on income and wealth. The result shows that the land acquisition increases land-lost farmers' household wealth, but makes negative effect on farmers' income. Mechanism analysis shows the reason that land acquisition induces land-lost farmers to reduce working time, thereby reducing wages; Land acquisition increases farmers' real estate value, thereby increases household wealth. Land acquisition brings wealth increasing which is an opportunity to become rich, but from the perspective of sustainable livelihoods, if working time continues to decline, the land-lost farmers are possible to fall into poverty trap. The conclusion means that local government should continue to pay attention to the dynamic changes of the household income of the land-lost farmers, and build a long-term mechanism to improve the household income of the land-lost farmers.

Key words: Land acquisition; Opportunity to Become Rich; Poverty Trap; Difference in Difference (DID)

普通话熟练程度对收入的影响：来自中国的经验证据

彭浪川　桑欣园

摘　要：语言是人们沟通交流的媒介，是人类社会中不可或缺的重要组成部分。在方言区众多的中国，普通话成为不同地区之间人与人交流的重要方式。本文使用2016年的中国家庭动态跟踪调查（Chinese Family Panel Studies，CFPS）数据，利用文献综合分析、回归分析等现代经济学研究方法，估计了普通话熟练程度对收入的影响大小。之后我们进一步探究了该影响在不同人群中的异质性并探究可能的原因。本文的结论可以帮助揭示普通话对经济发展及收入提升的作用，提高工作效率以及产出，带动经济进一步持续良性发展。

关键词：语言；普通话；收入

一、引言

语言，是人与人之间重要的沟通工具，是人们思想交流的媒介。作为人与人交流最重要最便捷的载体语言，不同地域各不相同，有些文明的语言已经消失了。在距离较远的地区，即使是同一种语言，人们也难以听懂对方的方言，比如东北人听不懂广东话、陕西人听不懂南京话。

语言是为了生活、交流的需要而产生的，而不同的语言或者方言对经济、社会等也有不同的影响，国内外的很多研究都表明，语言对劳动者的收入有着明显的影响。在社会学中，萨丕尔－沃尔夫假说认为，语言能够表现出人们的思维方式、认知方式，不同方言的人们有着不同的文化背景，而埃德蒙森（Edmondson，1999）发现不同团队文化背景的工作者有着更低的自我认同和安全感，这不利于整个团队的合作，并会进一步降低学习工作效率，降低收入。帕尔舒科夫（Parshakov，2018）等的研究表明，语言文化背景对团队工作表现的影响是复杂的，需要在今后做进一步的研究分析。

中国有55个少数民族，很多少数民族都有着自己独特的语言。中国的汉语划分为17个方言区，如冀鲁官话、北京官话等；方言区之下还有97个方言片，一些方言片还可以划分成几个方言小片，这些方言之间，在说话习惯、发音上都有所不同，所以，讲不同方言的人们之间在沟通交流上可能出现很多障碍，甚至会影响工作效率，进一步影响收入。为了提高沟通效率、促进工作产出，亟须在全中国范围内统一语言，这是国务院在1956年颁布《关于推广普通话的指示》的原因。

随着中国人口流动性的增加，不同方言区人们的往来也不断增加，为了方便使用不同方言的人们更好地沟通交流，普通话便变得越来越重要。虽然，当今普通话普及程度比较高，但在很多小城市或者偏远地区的中老年人甚至年轻人中，普通话依然不是他们日常工作中使用的语言，其自身的普通话熟练度也比较低，更不用说使用普通话进行日常生活中有效的交流。研究普通话熟练程度对于收入的影响，有助于人们更好地认识到语言或者普通话的潜在重要性，以便更好地发挥语言、发挥普通话的作用，进一步推广普通话的使用，以达到提高工作生活中的沟通效率，进而带动经济发展，提高人们生活水平的目的。

本文采用文献比较的研究方法，搜集了大量探究语言对收入影响的国内外文献，了解目前相关研究的关注点以及主要结论，本文的研究可以作为其有效补充，丰富本领域的理论与实证研究成果。本文着重研究中国范围内普通话熟练程度对劳动者收入的影响，并按照不同的人群特征条件分组，估计该影响的异质性。

本文以普通话熟练度为核心解释变量，以年龄、教育程度、性别、工作性质、自信度、健康状况为控制变量进行回归，最终得出的主要结论是，在其他条件不变的情况之下，普通话熟练度对收入有着显著的影响，并且这种影响伴随着学历的升高而愈加明显。此外，普通话熟练度对收入的影响的回归结果在非农业工作者之中有统计性显著，而在农业工作者中则不显著。

二、文献综述

很多学者针对语言在劳动市场中的影响进行了深入分析。大量实证研究表明，掌握外语对劳动者的收入有显著的正面影响。比如，卡利纳（Carliner，1981）的研究表明，有双语能力的劳动者所获得的收入与只会一种语言的劳动者相比，前者要明显更高。杜斯特曼（Dustmann，1994）发现，书写能力相较于其他语言能力来说对工作者的收入有着更显著的积极影响。奇斯威克和米勒（Chiswick and Miller，1995）探究了移民对居住地语言的掌握对收入的影响，结果表明移民对于当前居住地的语言掌握得越好，其收入就越高。芬克豪泽（Funkhouser，1996）验证了对于男性来说，英语表达能力对收入有积极的影响。布利克和钦（Bleakley and Chin，2004）验证了在美国的移民工作者的英语水平对收入产生正向影响。迪波拉和坦塞尔（Di Paola and Tansel，

2015）考察了掌握一门外语对劳动者收入的影响，得出的结论是掌握外语对劳动者收入的提高有明显的积极作用。掌握英语在官方语言非英语的国家有着“收入溢价”的现象（Azam et al.，2013；Casale and Posel，2011），比如，精通高级英语的印度男性工资相对于不会高级英语的男性，前者比后者高 35%左右（Azam et al.，2013）；掌握英语的南非劳动者比不会英语的收入要高 18%～44%不等（Levinsohn，2007）；在爱沙尼亚，会说英语的劳动者的收入溢价达到了 45%；刘泉（2014）发现，在中国，精通外语的劳动者收入比不精通外语的劳动者的收入要高出 69%左右，外语的收入溢价非常高。另外，相比于只会一种语言的人，会双语的人有着更高的就业率，并且接受学习能力更好；在国际贸易等其他一些需要经常与人交流的工作中，双语工作者更有优势，并且转换工作更加容易。马双和赵文博（2019）利用 CHPS 数据发现，一个地区的方言多样性与当地外来劳动人口的收入呈显著负相关关系。

许多学者还考量了本地语言的熟练度对外来移民收入的影响（Dustmann and Fabbri，2003；Bleakley and Chin，2004；Yao and van Ours，2015）。他们认为，本地语言的熟练掌握说明该劳动者有较强的工作能力信号，或者是由流畅交流所带来的高工作效率的可能性。这些研究都发现了语言能够带来劳动市场的正面作用。

对于普通话或大众语言对收入的影响，各文献的研究结果有所不同。多篇研究发现使用大众语言的劳动者收入更高，并且掌握大众语言对收入的影响大小在不同的人群中也有不同。比如高和史密斯（Gao and Smyth，2011）对于中国从农村移民到城市的劳动者的收入进行了研究，研究发现，掌握普通话的移民劳动者获得的收入更高，普通话的熟练程度对收入有着很大的影响，并且这种现象对于女性劳动者来说更加明显，原因可能是女性劳动者更多从事需要与人经常接触交流的行业，如服务业，这些行业中语言就起到了更加重要的作用。但在一些经济发达的地区，熟练使用当地方言对于收入有着积极的影响。比如，陈等（Chen et al.，2014）对移民到上海的劳动者收入进行了研究，发现掌握上海方言的劳动者相对来说有更高的收入，并且上海方言的口语能力对收入的影响更加显著。还有一些研究发现，在同一地区人们使用不同的方言对经济有消极影响。例如，徐现祥、刘毓芸、肖泽凯（2015）发现一个地区方言多样性反而会对经济增长起到阻碍的作用；戴亦一、肖金利、潘越（2016）对 2008～2014 年的 A 股上市公司做了研究，发现董事长和总经理的方言一致可以明显减少公司的代理成本。陈媛媛（2016）发现普通话对收入有重要的影响，且影响在不同行业有大小不同。赵颖（2016）使用 2SLS 和 PSM 回归方法发现，普通话对收入的正向影响在中国不同地区的程度也不相同。

还有一些文献讨论了语言熟练程度对被雇用的概率的可能性产生的作用。例如，杜斯特曼和法布芮（Dustmann and Fabbri，2003）使用 PSM 的方法估计了进入 UK 的移民自身对英语的熟练程度是否会显著影响他们在英国获得工作的概率。同时，他们也小心区分了找不到工作的群体和不进入劳动力市场的群体两者之间的关系。多维（Dovi，2019）对类似的问题在中国进行了研究，发现普通话的熟练程度也会显著影响在中国获得工作的概率。

大众语言或者普通话对收入的影响机制主要可以分为三个方面：第一，提高工作匹配效率。奇斯威克和米勒（Chiswick and Miller，2014）发现，掌握普通话方便了劳动者与雇主的交流，更有利于信息的传递，方便人们在找工作的过程中更好地展现个人的优势。第二，提高工作效率。奇斯威克和米勒（2014）发现，掌握普通话有利于劳动者与同事、上级以及客户之间更高效地沟通交流。第三，扩大人脉。王（Wang，2016）等发现，掌握普通话有利于劳动者接触更多人，从而扩大劳动者人脉。此外，高和史密斯（Gao and Smyth，2011）研究发现，掌握普通话同时也有利于减少外地移民者工作过程中受到的歧视。

三、研究设计及数据

1. 数据介绍

本文采用的是 2016 年的中国家庭动态跟踪调查数据，该调查旨在通过采集个体、家庭、社区三个层次的数据，来表现中国社会、经济、人口、教育和健康的变迁。中国家庭动态跟踪调查关注的重点在于中国居民的经济与非经济福利，包括经济活动、教育成果、家庭关系与家庭动态、人口迁移、健康等在内的诸多研究主题。其调查样本覆盖了 25 个省份，调查对象包括了样本户中的全部家庭成员。

2. 模型设定

$$wage_i = \beta_1 language_i + \beta_2 X_i + \varepsilon_i$$

其中，i 代表不同的受访个人；*wage* 为被解释变量，代表把所有工资、奖金、现金福利、实物补贴都算在内，并扣除税和五险一金后的劳动者的税收工作总收入；*language* 代表劳动者普通话熟练程度，是该模型中的核心解释变量，在问卷中，该变量值的大小由 1 ~ 7，表示受访者的普通话熟练程度由很差到很好，受访者的普通话熟练度由访问者根据受访者访问过程中的表现来评级；ε_i 是扰动项；X 代表控制变量，共有 6 个，它包括：*age*、*edu*、*gender*、*job*、*confidence*、*health*。*age* 表示受访者的年龄；*edu* 表示受访者的最高学历，其值由 1 ~ 8，其中 1 表示文盲/半文盲，8 表示博士；*gender* 代表性别，1 表示男，0 表示女；*job* 为工作性质，1 表示农业工作（农、林、牧、副、渔），5 表示非农工作；*confidence* 表示对自己未来的信心程度，由 1 ~5 表示从没信心到非常有信心；*health* 表示健康程度，由 1 ~5 分别代表由非常健康到不健康。

3. 数据处理

本文选取了一些对收入有明显影响的变量如年龄、性别、教育程度等，用 STATA 处理调查数据，对于回归中要用到的变量，将其中值为“ -8”或者“.”等的无效数据排除，只保留了在合理范围内的有效数据，然后对数据求平均值、标准差、回归等，并对数据做分组分析。

表 1 是剔除不合理范围内数据之后的结果，筛选后，保留下来的数据总共有 4346 个观测值。可以看到，平均年收入为 31594. 5 元，与统计局公布的数字相近。普通话熟练度的均值为 5. 91，样本平均年龄是 34. 65 周岁。在样本中，男性占大多数（56. 37%）。工作性质中，大部分是非农工作（*job* =5）。大部分受访者拥有较高的信心度（均值为 4. 04）。

表 1　　统计性结果描述（括号内为标准差）

变量	平均数	最小值	最大值
收入/元	31594. 5 （37714. 43）	1	1200000
普通话熟练度	5. 913023 （1. 408598）	1	7
年龄/周岁	34. 65071 （12. 02372）	16	81
教育程度	3. 481132 （1. 452505）	1	8
性别	0. 5637368 （0. 4959781）	0	1
工作性质	4. 80856 （0. 8539789）	1	5
自信程度	4. 038656 （0. 9610966）	1	5
健康程度	2. 654395 （1. 097429）	1	5

4. 变量描述

表 2 ~ 表 7 将普通话熟练程度和收入的数据根据各控制变量进行了分组描述。从普通话熟练程度方面来看，数据显示，最小年龄组的被调查者平均熟练

度最高，约为6.2，并且这个数据随着被调查者年龄的增长而下降，到了60岁以上的人群，普通话平均熟练度已经达到了约5.1，与年轻人群相差了一个单位。这与近几十年来我国基础教育程度逐渐提高有关。另外，直接从教育程度来看，最高学历为硕士/博士的被调查人群普通话熟练度最高，并且这一数据随着学历的降低也呈现出递减趋势。这两个结果是相辅相成的。女性的普通话熟练度平均来说要比男性稍高一点，两者相差比较小。农业工作者的普通话熟练度比非农业工作者要更低，此外，更有信心的人群普通话平均熟练度比更没信心的人群要高。

表2　　普通话熟练度和收入的按年龄分组描述

年龄（周岁）	普通话熟练度（均值）	收入（均值）/元
15~29	6.164363 (0.0268788)	30875.65 (634.5444)
30~39	6.02974 (0.0394157)	39233.38 (1545.033)
40~49	5.601983 (0.0606549)	30506.99 (1742.515)
50~59	5.316279 (0.0820202)	24371.58 (1070.523)
60+	5.138122 (0.1274902)	15340.94 (901.4964)

表3　　普通话熟练度和收入的按教育程度分组描述

教育程度	普通话熟练度（均值）	收入（均值）/元
文盲/半文盲	5.150442 (0.0990136)	20471.33 (931.5632)
小学/初中	5.773504 (0.0323765)	25239.35 (419.5393)
高中/中专/技校/职高	6.059102 (0.0421664)	31574.79 (1494.837)
大专/本科	6.304781 (0.0333904)	46354.34 (1758.064)
硕士/博士	6.607843 (0.0932146)	77721.57 (7313.855)

表 4　　普通话熟练度和收入的按性别分组描述

性别	普通话熟练度（均值）	收入（均值）/元
女	5. 936709 (0. 0323858)	25494. 01 (584. 7376)
男	5. 894694 (0. 0284335)	36315. 53 (896. 8966)

从收入方面来看，30～39 岁人群平均收入最高，并且在更高的年龄组人群中，收入呈现随年龄增大而递减的趋势。这与现有文献一致，30～39 岁普遍是劳动者的黄金年龄段。此外，平均收入随着受访者受教育程度的增高而显著增高，其中，获得硕士/博士学位的人的平均收入是文盲/半文盲人群收入的近 4 倍。受访者中，男性平均收入是女性平均收入的 1. 5 倍左右，非农工作者人均收入是农业工作者人均收入的 1. 5 倍左右，这些都与其他描述劳动力市场的文献结果一致。相比于其他情况，对自己的未来持一般期望或较有信心的受访者人均收入更高，这种现象的原因可能是收入较高的受访者本身可以更加客观地评估自己的能力以及未来发展，而不是一味丧气或者盲目乐观。

表 5　　普通话熟练度和收入的按工作性质分组描述

工作性质	普通话熟练度（均值）	收入（均值）/元
农业工作	5. 740385 (0. 1040321)	22453. 26 (1549. 229)
非农工作	5. 921701 (0. 0218175)	32053. 99 (594. 9077)

表 6　　普通话熟练度和收入的按自信度分组描述

自信度	普通话熟练度（均值）	收入（均值）/元
较没信心	5. 695652 (0. 0972975)	23490. 54 (1136. 208)
一般或较有信心	5. 875526 (0. 0293318)	33571. 53 (913. 343)
很有信心	5. 997085 (0. 0326156)	30048. 68 (678. 3455)

表 7　按普通话熟练度分组的人均收入情况

普通话熟练程度	人均收入/元	标准差	样本数量
1	20764	1798	88
2	21787	1483	103
3	20017	1340	108
4	25537	3499	292
5	27250	963	642
6	31922	984	1089
7	35257	918	2024

表 7 描述了调查中按普通话熟练度分组的人均收入情况，从表 7 中可以看到，大部分受访者的普通话水平都集中在 6 ~ 7 之间，普通话熟练度为 7 的人最多，几乎接近于普通话熟练度为 1 ~ 6 的人数的总和；普通话熟练度为 1、2、3 的受访者最少，并且，随着普通话熟练度的提高，受访者的收入体现出显著提高的趋势，其中，普通话最熟练者（普通话熟练度为 7）的平均收入达到了最不熟练者（普通话熟练度为 1）的近 2 倍。表 8 的数据表示，普通话熟练度对受访者收入有着显著的积极影响。然而，影响人们收入的因素还有很多，比如年龄、教育程度、性别、工作性质、健康程度、自信度，表 8 中的数据并没有控制其他因素不变。所以，要更准确地探究出普通话熟练度的影响，还需要用回归的方法，固定其他的控制变量进行具体探究。

表 8　各个因素对收入影响的 OLS 回归结果

变量	收入/元
普通话熟练度	1743.5*** (4.29)
年龄	152.2** (3.00)
最高学历	6854.0*** (16.65)
性别	11984.5*** (10.81)
工作性质	703.1 (1.07)

续表

变量	收入/元
自信度	116.2 (0.20)
健康程度	60.16 (0.11)
常数项	-11859.4* (-2.13)
观测值	4346

注：括号内为标准差；* 表示 10% 的显著性，** 表示 5% 的显著性，*** 表示 1% 的显著性。

四、回归结果

表 8 是数据的 OLS 回归结果，可以发现，普通话熟练程度对人们的收入有着十分显著的正面影响，这与高和史密斯（Gao and Smyth）在 2011 年的发现是基本一致的（普通话会提高迁移者的收入），并且受访者普通话熟练度每增加一个等级，其年收入增加 1743.5 元。此外，受访人的最高学历也是影响其收入的显著因素，其回归系数是普通话熟练度的近 4 倍，这与李春玲在 2003 年的研究结果一致。在其他条件相同的情况下，劳动者的性别也对收入有着显著的影响，男性比女性的年收入要高 11984.5 元，其中可能的原因是，在中国，女性相对于男性把更多的精力放在了家庭中，以及工作中可能依然存在着性别歧视的原因。此外，根据回归结果，年龄、自信度、健康程度对收入的影响都是积极的，非农工作比农业工作收入更高，但其中工作性质、自信度、健康程度对收入影响的回归结果并不显著。

以上结果表明普通话熟练度对个人收入有明显的正向作用。接下来，我们探讨该作用在不同群体中的异质性。表 9 列出了将受访者按照工作性质分组，各个因素对工作者收入影响的 OLS 回归结果。结果表明，对于非农业工作者，普通话对收入的作用非常显著；对于农业工作者，则并不显著。这说明，对于农业工作来说，普通话的熟练度不是收入的决定因素之一；但对于非农业工作来说，普通话十分重要。值得一提的是，从回归结果中可以看出，年龄对农业工作者收入的影响整体为负但不显著，而对非农业工作者的影响为正并且显著。可见，对于非农工作者，更重要的则是随年龄增长而增长的工作经验和阅历，而对于农业工作者，更重要的可能则是体力。受教育程度（最高学历）的作用也在农业工作和非农业工作中体现出较大的差异，但教育程度对于农业工作者和非农业工作者收入影响的回归结果均为显著，学历对于非农业工作者收入的影响程度达到了农业工作者的近2.5倍。此外，性别对收入的影响也在非农工作中有着较大的体现，并且这一回归结果十分显著，其对于农业工作者收入的回归结果则并不显著。总的来说，对于农业工作者，仅教育程度会影响收入，其他如控制变量及普通话熟练度变量等均没有显著影响。

表9　　　　各个因素对收入影响按工作性质分组的OLS回归结果

变量	农业工作	非农工作
普通话熟练度	1858.0 (1.81)	1726.2*** (4.12)
年龄	-41.78 (-0.36)	105.3* (1.99)
最高学历	2988.8* (2.10)	7118.1*** (16.99)
性别	3781.5 (1.21)	12432.0*** (10.78)
自信度	710.4 (0.48)	49.54 (0.08)
健康程度	-3121.7* (-2.49)	1023.0 (1.85)
常数项	9169.1 (0.82)	-16826.1*** (-3.52)
观测值	208	4138

注：括号内为标准差；*表示10%的显著性，***表示1%的显著性。

分析教育程度层面上的异质性。表10为按教育程度分组各个因素对收入影响的OLS回归结果，总体来说，学历越高的工作者，其普通话熟练度对收入的影响就越大（虽然对某些学历分组效应并不显著），可能是因为，学历越高的工作者，其工作的选择面就越大，在这种情况下，从事什么工作或者获得多少收入就更加取决于工作者自身的选择与争取，如在应聘工作的过程中，与雇主的沟通交流、自我表现情况则更加重要，普通话越好的人，其沟通效率越高，越容易给雇主留下更好的印象，因而应聘成功的概率也就越高；而学历较低的工作者，其工作选择面要更小，找工作更加容易受到学历的限制，故普通话熟练度对其影响程度相对来说没有学历较高者大。表10中其他几项变量的回归结果也十分值得注意，比如，在低学历工作者中，年龄对收入的影响为负，因为此类学历工作者多以体力劳动为主，而高学历工作者中，年龄对收入的影响为正（虽然有些分组并不显著），且随着学历的增高，年龄的作用愈加明显，进一步说明了高学历工作者在职场中有着更大的上升潜力。此外，随着学历的提升，不同性别的劳动者收入差异也更加明显，并且其回归结果在学历为小学到本科之间的受访者中极为显著，而这一回归结果在学历为硕士/博士的工作者之间则并不显著。

表10　　按教育程度分组各个因素对收入影响的OLS回归结果

变量	文盲/半文盲	小学/初中	高中/中专/技校/职高	大专/本科	硕士/博士
普通话熟练度	1464.222** (486.4277)	1864.576*** (274.0803)	-455.9777 (1222.582)	3683.302* (1621.914)	6659.809 (11629.28)
年龄	-292.5832*** (70.70288)	-56.96072 (34.69369)	137.4065 (130.3301)	977.472*** (246.519)	4021.579 (2731.159)
性别	4050.529* (1763.509)	9688.822*** (828.7039)	13953.6*** (3019.182)	15789.86*** (3454.721)	20759.53 (15277.56)
工作性质	1702.881** (621.0054)	291.757 (418.7098)	1634.576 (2441.169)	4881.326 (4807.707)	0 (omitted)
自信度	387.76 (759.1154)	188.1832 (415.2174)	2436.13 (1663.979)	-1641.47 (2138.218)	-18241.57 (11075.87)
健康程度	-1204.375 (688.9394)	-838.5192 (379.3884)	3460.909* (1488.149)	2172.263 (1882.916)	-6854.794 (10946.5)
常数项	19225.81 (6586.876)	4466.222 (4249.262)	-5072.333 (17952.62)	-107660.3** (33940.7)	65909.91 (233532.4)
观测值	339	2106	846	1004	51

注：括号内为标准差；*表示10%的显著性，**表示5%的显著性，***表示1%的显著性。

五、结论

语言在人们的生活中起到了沟通桥梁的作用，经济生活中的方方面面都离不开语言，而在疆域辽阔的中国，方言区众多，不同地区的人们说着不同的方言，普通话成了不同方言区的人们沟通的重要方式。

中外众多学者都就语言对收入的影响进行了研究，总的来说，掌握外语对收入有着积极的影响。比如，在官方语言非英语的国家，掌握英语对劳动者的收入有着收入溢价的作用，溢价程度随每个国家而不同，掌握外语者总体更容易就业。普通话或者大众语言对收入的影响，研究也呈现出积极的结果，而且普通话对收入的积极影响在女性中更为显著，原因是女性更多从事于需要常与人沟通交流的行业，如服务业。普通话对收入的影响主要作用于三个方面：提高工作匹配效率、提高工作效率以及扩大人脉圈。

本文采用的是2016年的中国家庭动态跟踪调查数据，分析研究普通话熟练度对劳动者的收入起到的作用。因影响收入的因素有很多种，我们选取一些对收入有影响的因素作为控制变量，把普通话熟练度作为核心解释变量，将它们对收入的影响进行回归分析。回归结果显示，在把受访者的年龄、教育程度、性别、工作性质、自信度、健康状况作为控制变量时，普通话熟练度对收入有着显著的影响；而将受访者按照工作性质分组时，回归结果表明，普通话熟练度对农业工作者的工作收入没有显著影响，而对非农业工作者的收入有十分显著的积极影响。这可能是因为农业工作的交流平均而言少于非农业工作者，因而语言的发挥余地相对较小些。将受访者按照受教育程度分组回归时，结果显示，普通话熟练度对收入的影响在学历越高的人群中表现得越是显著，可能的原因是，学历高的受访者工作选择面更大，工作以及收入更注重个人的表现，而学历较低者受到学历限制，职业天花板较低，普通话能力对收入的作用则相对来说更不显著。

根据本文的研究结果，普通话熟练度对收入总体呈现正向积极影响，在国家推广普通话的过程中，如果能将普通话能力对收入所起到的作用一同加以推广，或许更加能够引起人们对普通话的重视。促进普通话推广效率，加快普通话在全国的普及，从而进一步提高人们的沟通效率以及产出水平，进而推动社会经济的发展，提高人们的生活水平。

参考文献

[1] Bleakley, H. and Chin, A., 2004. Language skills and earnings: Evidence from childhood immigrants. Review of Economics and statistics, 86 (2), pp. 481 - 496.

[2] Carliner, G., 1981. Wage Differentials by Language Group and the Market for Language Skills in Canada. Journal of Human Resources, 16 (2): 384 - 399.

[3] Dovì, M. S., 2019. Does higher language proficiency decrease the probability of unemployment? Evidence from China. China Economic Review, 54, pp. 1 - 11.

[4] Dustmann C., 1994. Speaking fluency, writing fluency and earnings of migrants. Journal of Population Economics, 7 (2): 133 - 156.

[5] Dustmann, C. and Fabbri, F., 2003. Language proficiency and labour market performance of immigrants in the UK. The Economic Journal, 113 (489): 695 – 717.

[6] Chiswick, B. R. and P. W. Miller, 2003. The Complementarity of Language and Other Human Capital: Immigrant Earnings in Canada. Economics of Education Review, 22 (3): 469 – 480.

[7] Bleakley H, Chin A., 2004. Language skills, earnings: Evidence from childhood immigrants. Review of Economics and Statistics, 86 (2): 481 – 496.

[8] Azam, M., A. Chin and N. Prakash, 2013. The Returns to English Language Skills in India. Economic Development and Cultural Change, 61 (2): 335 – 367.

[9] Levinsohn, J., 2007. Globalization and the Returns to Speaking English in South Africa. In Globalization and Poverty. Edited by J. Levinsohn, 629 – 646. Chicago: University of Chicago.

[10] Pendakur, K. and R. Pendakur, 1998. Speak and Ye Shall Receive: Language Knowledge as Human Capital. In Economic Approaches to Language and Bilingualism. Edited by K. Pendakur and R. Pendakur, 89 – 121. Ottawa: Canadian Heritage.

[11] Gao, W. and R. Smyth, 2011. Economic Returns to Speaking 'Standard Mandarin' among Migrants in China's Urban Labour Market. Economics of Education Review, 30 (2): 342 – 352.

[12] Chen, Z., M. Lu and L. Xu. 2014. Returns to Dialect: Identity Exposure through Language in the Chinese Labor Market. China Economic Review, 30 (9): 27 – 43.

[13] Zhou, M., 2003. Multilingualism in China: The Politics of Writing Reforms for Minority Languages 1949 – 2002. Berlin: Mouton de Gruyter.

[14] Wang, H., Z. Cheng and R. Smyth, 2016. Language and Consumption. China Economic Review, 40 (3): 135 – 151.

[15] Grin, F., 2001. English as Economic Value: Facts and Fallacies. World Englishes, 20 (1): 65 – 78.

[16] Guo, Q. and W. Sun, 2014. Economic Returns to English Proficiency for College Graduates in Mainland China. China Economic Review, 30 (7): 290 – 300.

[17] Lazear, E., 1999. Culture and Language. Journal of Political Economy, 107 (6): 95 – 126.

[18] Leung, C. and J. Ruan, 2012. Perspectives on Teaching and Learning Chinese Literacy in China, Vol. 2. Berlin: Springer Netherlands.

[19] Parshakov, P., Coates, D. and Zavertiaeva, M., 2018. Is diversity good or bad? Evidence from eSports teams analysis. Applied Economics, 50 (47): 5064 – 5075.

[20] Yao, Y. and van Ours, J. C., 2015. Language skills and labor market performance of immigrants in the Netherlands. Labour Economics, 34: 76 – 85.

[21] 刘泉. 外语能力与收入来自中国城市劳动力市场的证据 [J]. 南开经济研究, 2014 (3).

[22] 刘毓芸, 徐现祥, 肖泽凯. 劳动力跨方言流动的倒 U 型模式 [J]. 经济研究,

2015，50（10）：134－146.

［23］徐现祥，刘毓芸，肖泽凯．方言与经济增长［J］．经济学报，2015，2（2）：1－32.

［24］戴亦一，肖金利，潘越．“乡音”能否降低公司代理成本——基于方言视角的研究［J］．经济研究，2016，51（12）：147－160.

［25］陈媛媛．普通话能力对中国劳动者收入的影响［J］．经济评论，2016（6）：108－122.

［26］赵颖．语言能力对劳动者收入贡献的测度分析［J］．经济学动态，2016（1）：32－43.

［27］马双，赵文博．方言多样性与流动人口收入——基于CHFS的实证研究［J］．经济学（季刊），2019，18（1）：393－414.

作者单位：南京审计大学经济与金融研究院/新加坡国立大学

The Impact of Mandarin Proficiency on Income：Evidence from China

Peng Langchuan　Sang Xinyuan

Abstract：Language is the medium of communication，and an indispensable part of human society. There are many dialects in China，and Mandarin has become an important way for people from different areas to communicate with each other. This paper adopts the 2016 Chinese Family Panel Studies（CFPS），reviews and summarizes the relevant literature，and estimates the impact of Mandarin proficiency on income. Then we further investigate the heterogeneity of this effect among different groups of individuals. Our results can shed light to how Mandarin proficiency can help with economic development and income acceleration，and how it can improve work efficiency and output.

Key words：Language；Mandarin；Income

国内外财经素养及其教育研究新进展*

魏　萍　刘金萍　乐　华

摘　要：市场化和信息化的加快使人们面临更多财经问题，“现金贷”“校园贷”等事件的频发与我国青少年、大学生财经素养水平低下不无联系，财经素养教育已经刻不容缓。落实财经素养教育，有效提升学生财经素养水平已成为全球政策制定者的重要议程。相较于国外较为成熟的理论和实践研究成果，当前，我国财经素养研究尚处于起步阶段。本文首先系统梳理了国内外学者关于财经素养内涵的界定，与国外的金融素养和单纯财富观相比，中国的财经素养理念还蕴含了道德价值观。在建构定义基础上，学者们提出了财经素养水平测度方法体系，包括测评内容、度量方法和测评程序等。已有研究发现财经素养水平受个人、家庭和社会层面的多因素影响，覆盖整个教育体系的财经素养教育已成为各国政府为提升公民福利而实施的重要政策。因此，本文对国内外最新研究进展进行总结，以期为今后我国学生财经素养问题研究提供参考和借鉴。

关键词：财经素养水平；财经素养教育；研究进展

经济全球化时代，市场化和信息化的加快使人们在日常生活中面临着越来越多的财经问题，“月光族”“负债族”“啃老族”频频出现，“现金贷”“校园贷”“裸贷”等大学生因拖欠贷款而被暴利催收的事件也层出不穷。究其根本，与我国青少年、大学生财经素养水平低下不无联系，财经素养教育已经刻不容缓。2017 年，中国人民银行金融消费权益保护局发布了《消费者金融素养调查分析报告》，建议普及强化金融教育，进一步为学校开展财经素养教育提出了要求和依据，也迅速引起了公众、学者和政府对财经素养的关注。财经素养作为包括财经知识、技能、道德、财富价值观的综合素质，其水平高低将直接决定家庭生活幸福、社会稳定和谐以及国家稳固发展。

国外学者基于不同的视角、研究方法和手段对学生财经素养问题展开了大量研究，主要包括以下四个方面：一是财经素养内涵界定；二是财经素养水平测量及现状描述；三是财经素养形成与影响机制探索；四是各国财经素养教育及政策实践总结。国内学者虽研究起步较晚，但也越来越关注财经素养问题。

* 基金项目：本文是国家社科基金青年项目“中国教育对经济增长的贡献及其测度研究”（CFA150150），中央高校基本科研业务费专项资金项目“财经素养水平与教育策略研究——以武汉在校大学生为例”（202051211）和“中国学前教育经费投入的公平性”（202051245）阶段成果。

本文拟对以上四个方面相关研究成果进行梳理，明确财经素养内涵、识别财经素养水平影响因素、厘清财经素养教育目标、内容和实施机制，在总结国外教育实践经验的基础上，以期为我国财经素养问题研究提供参考和借鉴。

一、关于财经素养内涵的研究

（一）财经素养的定义

国外学者关于财经素养的定义并未完全统一，主要从财经知识、技能、态度、结果等方面界定。金（Kim，2001）、鲍恩（Bowen，2002）、库尔查（Courchane，2005）等将财经素养理解为个人生活所必需的基本常识。维特（Vitt，2000）、瑟文和凯斯特纳（Servon and Kaestner，2008）等从能力维度定义财经素养，认为个人财经素养是对影响物质幸福感的个人财经状况加以理解、分析、管理和交流的能力。随着国际组织和发达国家对财经素养教育的日益重视，美国财经素养教育委员会（2007）在财经素养的定义中加入了对财经素养“结果”的考量，认为财经素养是一种帮助人们运用知识和技能来进行资源管理以获取个人幸福生活的能力。随后，经合组织（OECD）在PISA（2012）测试中将财经素养界定为运用所学财经知识及理财技能和动机参与社会经济活动进行财经决策，从而谋取个人幸福和社会福祉。自此，财经素养内涵进一步丰富，包含知识、技能、态度三要素，突出目的是提高个人和社会福祉。

然而，国内学者除了强调财经素养是一个人合理运用所学财经知识和整合有效资源来实现决策效益最大化的能力（熊若超，2017），更强调知识、技能与价值观的融合，财经素养是一个人为人处世的内在修养。而财经价值取向对个体财经决策活动的导向性作用将直接决定个体财经活动的未来发展方向（辛志勇、于泳红、辛自强，2018）。就如林崇德（2017）所言，财经素养还强调“涵养”“道德价值观”，“素养”的深层内涵强调的是道德与个人品质。与西方财富和道德分开的财富价值观不同，我国文化传统一直将财富看作人的价值的具体体现，财富往往与道义、品德联系在一起，形成了见利思义、以义取利等观点，因此，张男星、王春春和刘次林（2018）将财经素养理解为一种综合素质，除了具备基本的财经知识与思维方式、理财技能来参与社会经济活动中的财经决策，还应有符合社会伦理道德的财富态度、理念、价值观来指导个人选择。与国外学者的界定相比，富有中国特色的财经素养内涵不仅关注个人的福利和幸福，也十分重视个人的社会责任。

（二）财经素养与金融素养的区别

财经素养、金融素养概念提出以前，人们一般使用金钱观、财富观等概念来表示个人对财富与金钱的理解和认识，这些概念只强调了主观感受，忽视了诸如知识、技能、态度等要素（庄舒涵、何善亮，2016）。随着经济不断发展，20 世纪 90 年代，“金融素养”概念开始出现，英文文献中常见的表述有 Financial knowledge、Financial sophistic 和 Financial literacy，但相比于指向更为宏观，涵盖金融、贸易领域国民素养的金融素养，有学者认为“财经素养”范围更小、内涵更为丰富，符合个人经济活动表现出的素养特点，因此，提出财经素养概念，也采用“Financial literacy”表达。

文献梳理发现，学者们对于金融素养的定义核心包括金融知识和技能两方面，总的来说金融素养就是人们为了谋取自身经济福祉而不断整合其资源的知识和技能（Bush et al.，2008）。相较于各学者对金融素养的定义，财经素养概念是金融素养概念在个体微观层面的升华，保留了金融素养强调的金融知识、技能维度的内容，扩展了态度、道德价值取向、社会责任等新的内涵。财经素养是一种个人基础修养，不仅强调对金融活动常识的掌握，更突出个人对人与人、人与国家、人与社会的经济关系和道德关系的良好处理，财经素养将财富与个人的幸福生活、国家社会责任统一整合起来（张男星、王春春，2019）。

相比较学生财经素养研究，国内学者关于消费者金融素养的研究成果更为丰硕，其中关于金融素养影响金融决策、金融行为机制的研究为财经素养这一领域的研究匮乏提供了参考和借鉴。已有文献基于素养理论、家庭金融素养理论和金融社会化理论等探究了社会、个人因素对金融知识理解、素养水平的影响（彭显琪、朱小梅，2018；胡振、苏日乐，2019），进而又对金融素养影响消费者储蓄行为（Behrman et al.，2012）、退休规划（Lusardi and Mitchell，2006）、投资收益率（Bönte and Filipiak，2012）、融资行为（Sevim，2012）、日常财务管理活动（Hilgert et al.，2003）等经济行为的机制进行了分析。金融素养的相关研究也可以为未来探讨个人、学生财经素养及其行为的影响机制提供参考。

二、关于财经素养水平测度的研究

科学的财经素养测量将提高政策制定者的决策能力，降低因财经素养不足所导致福利减少风险，并使教育者能够识别教育政策的预期效果。借鉴佩达祖尔和施梅尔金（Pedhazur and Schmelkin，1991）构建验证的逻辑分析方法，休斯顿（Huston，2010）认为标准的财经素养测量体系应从建构定义、测评内容、度量方法和测评程序四个步骤展开。

（一）定义和内容

财经素养概念界定对于确定测度内容结构至关重要。佩扎祖尔和施梅尔金（Marcoli and Abraham，2006）认为，有必要进行财经素养测量的专门研究，但由于财经素养的内涵界定尚未统一，财经素养水平的测度也较为困难。近3/4的财经素养测量研究没有详细说明所使用的结构，而其他研究则根据不同维度（如知识、能力、结果）的定义进行了测量。其中，知识维度测量，具体包括了解货币交易方式、货币利率、信用卡或借贷卡使用制度、储蓄及产品投资风险和回报等（覃丽君、张妍，2017）。从能力维度测量财经素养的典型代表是 PISA 测评，PISA 2012 参考布鲁姆（Bloom，1956）的教育目标分类法，从识别财经信息的能力、理解财经环境中的信息、评判财经问题、财经知识掌握和运用能力四个方面来考察 15 岁中学生的财经素养能力（陈启山、李文蕊，2017）。除了知识和能力，PISA 2012 在测评中还增加了对学生态度的测量，如获得信息和教育的动机、对财经事务的态度和信心（OECD，2013）。

（二）方法和评价

测量方法上，一方面，对财经知识的测量，多数学者都选择通过最直观明了的选择题和判断题来考查知识的获取。但这种类型的题目仅适合于对财经素养中的知识维度进行测量，大多数研究并没有对分值所代表的财经素养水平进行解释，没有统一全面的考量标准。另一方面，关于财经能力的测度，有研究者通过情景设计要求受访者计算储蓄利率和投资效益（Fonseca et al.，2012），受访者在回答这些题目时的良好表现体现了其对知识概念以及运算能力的熟练掌握。国内学者匡子馨、董文婧等（2018）构建了青少年财经素养指标模型并形成自编问卷，对重庆市 11 所学校 3200 名学生的财经素养水平进行了抽样调查。张红川等（2018）基于财经能力提出了一个有效决策模型，即以决策能力为代表的核心能力和以信息处理、风险调控、自制力为代表的外周能力，探索了如何测量这些能力。

现有文献对财经素养测量结果的评价主要分为两个部分：首先，直接评价学生回答财经素养测试题目的答案正确与否（王佳、于泳红，2017），并采用加总分数（朱华卉，2018）或利用因子分析法对不同因子得分加权计算（Roij et al.，2011；王晓晴，2018），这两种方法计算财经素养总得分；其次，在计算出总分的基础上根据构造的指标评价，分析学生财经素养总体水平。

三、关于财经素养水平影响因素的研究

（一）个人因素

现有研究发现，财经素养水平受诸多因素影响，主要来自个人和社会两类因素，其中个人因素包括性别、年龄、民族等人口统计因素、个人财经兴趣以及认知能力。

卢萨尔迪和米歇尔（Lusardi and Mitchell，2008）最早提出了美国女性财经素养水平低于男性的研究结论，基于家庭决策和女性的理财自信心，学者们解释了这种差异（Lusard and Mitchell，2014；Bucher Koenen et al.，2012）。安德烈等（Andrej Cupák et al.，2018）通过对 12 个国家的微观数据进行比较，发现东欧国家的财经素养得分性别差异较小，这可能得益于女性能够更为平等自由地参与经济活动的制度。丁格卿（2017）在对海口市中学生的调查中发现，女生比男生更容易获取压岁钱，且管理意识更强。

庄舒涵、何善亮（2016）通过问卷调查对南京市六所小学四个年级学生的财经素养现状进行调查发现，学生年龄、分数、年级等个人因素均对其财经素养水平产生影响。约根森（Jorgensen，2010）发现升入硕士阶段的学生在财经知识、态度、行为等方面的得分较于本科一年级时的得分显著提升。关于年龄与财经素养的关系还未形成定论，德拉万德等（Delavande et al.，2008）发现财经素养水平随着年龄的增加而增加。但阿加瓦尔（Agarwal et al.，2008）基于中年人更为丰富的社会阅历和良好的认知能力，认为财经素养和年龄之间呈倒 U 形。

此外，也有学者认为个人兴趣爱好会影响财经素养（Holt，2002）。巴尔斯基（Barsky，1997）认为学生对财经事务的态度、期望和自信心会对自身财经素养水平产生影响。曼德尔等（Mandell et al.，2007）也发现，许多年轻人财经素养差是由于缺乏提高自身理财技能的动机和兴趣。此外，成年人的财经素养水平与儿童时期的数学、计算能力也有关。由正规教育习得的个人认知能力与财经素养有着密切联系（杨煜琦，2018；Hastings et al.，2013）。

（二）家庭因素

一般来说，大部分的社会化，包括经济社会化，都发生在家庭背景下，父

母在孩子的经济社会化中扮演着重要角色（Danes，1994）。家庭资源管理理论和社会学习理论都突出了父母对子女财经素养形成的潜移默化的影响（Jorgensen and Savla，2010）。大量研究表明，学生财经素养水平会受家庭因素，主要是亲子沟通方式、家庭教育、父母职业、家庭遗传、家庭社会经济地位等影响。

家庭将财经和行为价值观明确或含蓄地传授给子女（Shim et al.，2010）。正如谢尔顿等（Sherraden et al.，2011）所强调的，亲子沟通，尤其是高频率沟通（Kagotho et al.，2017）能帮助学生不断积累财经知识技能和经验，发展其对财经知识的理解力，以形成理财习惯（许世红，2018）。史习琳等（2018）调查发现，42%中小学家长缺乏对财经素养教育的了解，对孩子教育的疏忽导致部分初中生甚至没有“钱”的概念。财经教育、财经体验和父母的财经经验都会对年轻人的财经知识产生积极影响，而且这些决定因素相互作用（Tang and Peter，2015）。如果父母的财力、经验或获得金融服务的机会有限，那么青少年的金融素养也可能会受到限制（Grinstein-Weiss et al.，2011）。

此外，家庭遗传因素也会通过影响学生财经素养进而对个人储蓄和借贷行为产生一定的作用。基因差异可以解释33%的个体储蓄行为差异（Cronqvist and Siegel，2015）。个人遗传特征会影响储蓄和借贷行为（Nyhus and Webley，2001）。除了遗传因素，家庭经济社会文化地位也会对孩子的财经素养水平产生显著的正面影响（向蓉，2018），因为与中、低等收入家庭的儿童相比，高收入家庭的儿童获取了更广泛的财经资源和实践机会，提高了学生的理财能力（Friendline，2012）。

（三）社会因素

除了个体因素、家庭因素在学生财经素养形成过程中扮演的重要角色，学生还可以通过学校所提供的财经素养教育课程、校外培训课程讲座、网络媒体途径以及国家政策支持等其他形式有效提升个人财经素养水平。

到目前为止，许多国家已经发布了不同的国家倡议，旨在其教育体系中普及财经教育，以确保整个学龄人口的入学机会。财经素养教育包含校外专家课程和学校课程两种形式。关于财经素养教育有效性的研究还未形成统一意见。有学者认为财经课程对学生知识、行为的影响是可以忽略的（Peng，2007）。但其他学者提出了不同意见，罗马尼奥等（Romagnoli et al.，2013）通过实验研究发现，意大利学校财经课程对学生财经知识积累产生的积极影响在课程结束一年以后依然存在。布鲁恩等（Bruhn et al.，2016）、吕尔曼等（Lührmann et al.，2015）也发现了巴西、德国财经课程丰富了学生的财经知识。李岩和张振栋（2018）发现学校因素对大学生财经素养的影响权重高达0.4413，其中财经公共选修课影响最大。近年来，加纳、乌干达等贫困国家建立的财经素养教育项目也被评估证实是有效的（Berry，Karlan and Pradhan，2015；Jamison et al.，2014）。

此外，佐恩等（Sohn et al.，2012）发现在财经教育社会化过程中，网络和媒体的发展显著影响了韩国青少年财经素养的形成。相关研究还发现私人机构和非政府组织专家教授提供的课程使学生取得了更好的财经成绩。根据 PISA 2015 的数据显示，地区、国家间的水平差异也是影响财经素养的重要因素，在澳大利亚、比利时（佛兰德社区）和加拿大，大约 75% 的学生持有银行账户，但在巴西、智利、波兰和俄罗斯联邦，只有不到 31% 的学生持有银行账户。

四、关于财经素养教育及其政策的研究

财经素养教育是全球政策制定者的重要议程。大量的实证研究表明，财经素养对个人福利至关重要。目前，许多国家已将财经素养教育项目纳入了国家公共政策重要议程，并主要依托学校教育展开。学校财经素养教育几乎可以覆盖整个教育体系，并在性格形成期对青少年产生长期可持续性的积极影响。

（一）财经素养教育的目标

虽然各个国家的财经素养教育具体目标略有差别，但总体而言，基本涵盖了以下三个方面：获取消费、理财、保险、投资等基础财经知识和事实；掌握不同阶段参与财经决策、理财活动的方法和技能；形成符合伦理道德的财富创造和财富管理的态度与价值观。

有效的财经素养教育干预措施应当对财经素养水平进行适当评估（Bongini et al.，2018），以判断学生对货币管理、贷款、不同资产投资等基础且重要的财经知识的掌握程度（Hung，Parker，Yoong，2009；Remund，2010；Huang，Nam，Sherraden，2013）。此外，财经素养教育将帮助学生运用这些知识形成财经思维方式、财务管理技能、动机和信心，以使其在一系列金融环境中作出有效决策，改善经济福祉（Atkinson，Messy，2012）。与国际组织和国外财经素养教育目标相比，我国财经素养教育更强调以德育为目标和方向（张男星等，2018），旨在培养学生参与社会主义经济建设的合格品质。基于“学生为本、国家为重”的教育本然和我国国情，有学者提出了“三九五体系”的具体教育目标，包括劳动观、金钱观、财富观等基础型目标、拓展型目标和结果型目标。

（二）财经素养教育的内容

针对青少年财经素养水平普遍较低的现状，为了保证所有学龄儿童获得财经教育，许多国家广泛采取将财经概念融入其他学科教学的做法，灵活的教学形式既减轻了学生负担又使得各地区、学校间的教育内容独具特色。

楚晓琳（2019）对日本、美国的财经素养教育实践进行了研究。日本财经教育内容涉及家庭预算管理、人生规划、了解金融知识和环境及产品、外部咨询四个方面；而美国的教育内容主要包括支出与储蓄、信贷与债务、就业与收入、投资、风险管理与保险、理财决策六个方面。为实现经济可持续发展转型目标，马来西亚财经教育突出强调对创新能力的培养（裴春梅、刘红、祝凡，2019）。相较于传统教育内容，韩国中小学财经教育更强调对学生的“眼界”培养，教授内容不拘泥于单一的经济学理论，更强调情景教学，学习时间主要集中于四年级阶段（陈勇、季夏畫、郑欢，2015）。俄罗斯中小学的经济教育也强调教育内容与学生日常生活的高度联系。

（三）财经素养教育的实施

国外一些国家的财经素养教育实施模式已较为成熟，在财经教育方法、保障机制方面的做法和经验值得我国借鉴。

国外开展财经素养教育的方法形式多样，主要有将财经素养教育纳入正式的学校课程体系、国家政策宣传、网上宣传教育、校外培训。早在 2008 年，OECD 就在财经教育报告中指出，学校是提供财经素养教育的重要途径，美国是最早将财经教育纳入正式学校课程的国家，且形成了独立学科和学科交叉渗透的课程体系（阴祖宝、倪胜利，2013）。晁亚群（2018）发现，相比于小学阶段的融入式教学，加拿大中学阶段的财经教育课程形式更为多样，涵盖了职业规划、情景模拟等内容。泰国还通过设立金融教育示范学校、举办校内竞赛讲座等形式使 1.3 万所学校的近 400 万学生参与了财经素养培养活动（马冰琼、刘红宇，2018）。而在线教育、影视作品也成为我国财经素养知识渗透的重要途径（袁荣，2019）。当前，社会力量多方参与，针对不同群体发起的财经素养教育项目正通过深入学校、社区开设知识讲座、发放金融知识刊物、提供社会专题培训等途径有序开展。

保障机制方面，多个国家设立了专门组织负责财经素养教育，并依托于建立国家财经素养教育标准框架来保障财经素养教育的有效落实。经合组织成立的财经素养教育国际网络、美国财经素养教育委员会（FLEC）、加拿大国家财经素养指导委员会、泰国“金融扫盲中心”和“财经素养教育中心”、中国财经素养教育协同创新中心等200多个由政府牵头成立的专业组织机构有力提升了国民财经素养（王春春，2017）。一些国家也正在修订完善财经素养教育标准框架，以强化财经素养教育成效。澳大利亚《国家框架》（2011年修订版）、美国《K－12个人财经素养教育国家标准》、经合组织《青年财经素养核心能力框架》和《中国财经素养教育标准框架》相继发布，明确了财经素养内涵，细化了财经素养从幼儿到大学的各个阶段教育内容。

五、研究评述与展望

通过梳理相关文献，我们可以发现，财经素养对个人福利至关重要，研究财经素养具有重要意义，因此越来越多的国内外学者开始关注财经素养。尽管针对财经素养的内涵界定并未完全统一，但核心思想趋于一致，主要涵盖知识、技能、态度维度，具有我国文化特色的财经素养内涵除了涉及基本的财经知识与思维方式、理财技能，还包括符合社会伦理道德的财富态度、理念、价值观。在实证研究方面，财经素养测度方法体系多样，各个国家的指标体系也在不断完善，基于PISA数据测试结果的实证研究丰富了对学生财经素养现状和国别影响因素的研究。一些严谨的实证研究也证明了财经素养教育对个人财经素养和财经行为的积极影响，推动了各个国家的财经素养教育实践。尽管当前研究已取得了一系列成果，但仍然存在进一步扩展的空间：一是研究集中于发达国家，忽视了不同国家发展水平的差距，未提出一个统一的普适性财经素养概念，基于全球认可的统一定义下的测度框架有利于精确测度各国财经素养水平，并进行国别比较。二是在研究样本的选取上，虽然越来越多国内外学者证明了学生早期财经素养水平与教育对生命全周期财经行为和决策的积极影响，但更多的研究选择从成年男性、女性的财经素养水平差异展开研究，样本选择忽视了对未成年人、中小学生、大学生财经素养水平现状的研究。三是在研究方法上，实证研究较少，获取的数据单一，特别是关于财经素养教育有效性的长期追踪项目较少。四是关于学生财经素养的形成机制以及财经素养与财经决策行为关系的研究目前还不足。

展望我国财经素养领域未来研究方向，首先，应从本质上明确财经素养含义和结构维度，并根据测度群体和环境的不同，建立具有针对性和差异化的指标体系。其次，应扩大研究样本，区分测度对象，研究我国不同群体财经素养水平现状。最后，重新审视财经素养与财经行为的关系，构建理论模型理清影响机制，进一步探究财经素养是否以及如何影响财经行为。不断丰富财经素养研究，提出财经素养教育优化策略，落实财经素养教育，使之成为深化教育改革、实现立德树人根本任务、培养社会主义建设者和接班人的重要内容与必要路径。

参考文献

［1］陈勇，季夏畫，郑欢. 国外青少年财商教育研究梳要及其启示［J］. 外国中小学教育，2015（2）：24－28，65.

［2］陈启山等. PISA 财经素养测评对我国财经教育与财经素养研究的启示［J］. 全球教育展望，2017（3）：6－15，28.

［3］楚晓琳. 日本财经素养教育实践及启示［J］. 大学（研究版），2019（10）：49－56，48.

［4］丁格卿. 海口市高中生压岁钱支配方式调查分析——以海口市某高级中学为例［J］. 现代商业，2017（35）：159－160.

［5］胡振，苏日乐. 消费者金融素养研究综述［J］. 金融与经济，2019（10）：84－88，37.

［6］匡子馨，董文婧，王玉. 青少年财经素养测量工具的编制与评价［J］. 教育教学坛，2018（51）：57－60.

［7］林崇德. 中国学生核心素养研究［J］. 心理与行为研究，2017（2）：145－154.

［8］李岩，张振栋. 基于 AHP 法的大学生财经素养影响因素研究［J］. 潍坊工程职业学院学报，2018（3）：26－29，108.

［9］马冰琼，刘红宇. 泰国财经素养教育发展现状研究［J］. 大学（研究版），2018（9）：71－75.

［10］裴春梅，刘红宇，祝凡. 马来西亚财经素养教育发展现状研究［J］. 大学（研究版），2019（5）：40－47.

［11］彭显琪，朱小梅. 消费者金融素养研究进展［J］. 经济学动态，2018（2）：99－116.

［12］覃丽君，张妍. PISA 财经素养测评：背景、框架及启示［J］. 天津市教科院学报，2017（2）：63－66.

［13］史习琳，张男星，桂庆平，等. 中小学实施财经素养教育认知调查报告［J］. 大学（研究版），2018（11）：52－67.

［14］王春春. 国内外财经素养教育政策概述［J］. 全球教育展望，2017（6）：35－43.

［15］王佳，于泳红. 财经素养对大学生股市参与行为的影响：自信水平的中介作用［J］. 心理技术与应用，2017（2）：73－80.

［16］袁荣. 例谈影视作品在财经素养教育课程中的应用［J］. 营销界，2019（35）：254－255.

［17］向蓉. 财经素养表现及影响因素——基于 PISA2015 的实证分析［J］. 华中师范大学研究生学报，2018（1）：138－144.

［18］许世红. PISA2015 中国四省市学生财经素养测评与启示［J］. 教育测量与评价，2018（10）：56－64.

［19］辛志勇，于泳红，辛自强. 财经价值观研究进展及其概念结构分析［J］. 心理技术与应用，2018（8）：472－483.

［20］熊若超. 中学生财经素养与行为调查［J］. 金融经济，2017（6）：168－169.

[21] 杨煜琦. 中学生财经素养调查和分析 [J]. 经济师, 2018 (11): 240 - 241.

[22] 阴祖宝, 倪胜利. PISA 财经素养教育的美国实践及启示 [J]. 上海教育科研, 2013 (6): 49 - 52.

[23] 晁亚群. 加拿大青少年财经素养教育概况探析 [J]. 世界教育信息, 2018, 31 (16): 14 - 21.

[24] 张男星等. 中国财经素养教育的目标建构及阐释——基于"学生为本, 国家为重"的教育本然 [J]. 大学 (研究版), 2019 (3): 14 - 25.

[25] 张男星等. 中国财经素养教育标准研制的几个问题 [J]. 大学 (研究版), 2018 (1): 5 - 8.

[26] 张红川等. 基于理性决策的财经能力: 概念、结构与测量 [J]. 心理技术与应用, 2018 (8): 465 - 471.

[27] 张男星等. 中国财经素养教育标准研制的几个问题 [J]. 大学 (研究版), 2018 (1): 5 - 8.

[28] 庄舒涵, 何善亮. 财经素养概念的多维理解与本土建构 [J]. 现代教育科学, 2016 (8): 41 - 47.

[29] Agarwal, S. et al. The Age of Reason: Financial Decisions over the Lifecycle [R]. NBER Working Paper, No. 13191, 2008.

[30] Atkinson, A., Messy, F. Measuring Financial Literacy: Results of the OECD [R]. International Network on Financial Education (INFE) Pilot Study. Paris: OECD Publishing, 2012.

[31] Barsky, R. B., Juster, F. T., Kimball, M. S., Shapiro, M. D. Preference Parameters and Behavioral Heterogeneity: An Experimental Approach in the Health and Retirement Study [J]. The Quarterly Journal of Economics, 1997, 112 (2): 537 - 579.

[32] Behrman, J. R., Mitchell, O. S., Soo, C. K. et al. How Financial Literacy Affects Household Wealth Accumulation [J]. American Economic Review, 2012, 102 (3): 300 - 304.

[33] Berry, J., Karlan, D., Pradhan, M. The Impact of Financial Education for Youth in Ghana [J]. World Development, 2018, 102: 71 - 89.

[34] Bowen, Cathy F. Financial Knowledge of Teens and Their Parents [J]. Financial Counseling and Planning, 2002, 13 (2): 93 - 102.

[35] Bongini, P., Iannello, P., Rinaldi, E. E., Zenga, M., Antonietti, A. The Challenge of Assessing Financial Literacy: Alternative Data Analysis Methods within the Italian Context [J]. Empirical Research in Vocational Education and Training, 2018, 10 (1): 12.

[36] Bönte W, Filipiak U. Financial Literacy, Information Flows, and Caste Affiliation: Empirical Evidence from India [J]. Journal of Banking & Finance, 2012, 36 (12): 3399 - 3414.

[37] Bruhn, M., Leão, L. D. S., Legovini, A., Marchetti, R., Zia, B. The Impact of High School Financial Education: Evidence from a Large-scale Evaluation in Brazil [J]. American Economic Journal: Applied Economics, 2016, 8 (4): 256 - 295.

[38] Bush, G. W. Remarks on the President's Advisory Council on Financial Literacy [R]. 2008.

[39] Bucher, K. T. et al. How Financially Literate are Women? Some New Perspectives on

the Gender Gap [R]. Network for Studies on Pensions, Aging and Retirement Panel Paper, 2012.

[40] Courchane, Marsha, Peter Zorn. Promises and Pitfalls: As Consumer Options Multiply, Who is being Served and at What Cost? Consumer Literacy and Credit Worthiness [C]. Presented at Federal Reserve System Conference, April 7, 2005 in Washington, DC.

[41] Cronqvist, H., Previtero, A., Siegel, S. et al. The Fetal Origins Hypothesis in Finance: Prenatal Environment, the Gender Gap, and Investor Behavior [J]. The Review of Financial Studies, 2016, 29 (3): 739 – 786.

[42] Cupák, A., et al. Decomposing Gender Gaps in Financial Literacy: New International Evidence [J]. Economics Letters, 2018 (168): 102 – 106.

[43] Danes, S. M. Parental Perceptions of Children's Financial Socialization [J]. Financial Counseling and Planning, 1994, 5 (1): 127 – 149.

[44] Delavande, A. et al. Preparation for Retirement, Financial Literacy, and Cognitive Resource [R]. Michigan Retirement Research Center Working Paper, No. 2008 – 190, 2008.

[45] Fonseca, R., Mullen, K. J., Zamarro, G., et al. What Explains the Gender Gap in Financial Literacy? The Role of Household Decision Making [J]. The Journal of consumer affairs, 2012, 46 (1): 90 – 106.

[46] Friedline, T. Predicting Children's Savings: The Role of Parents' Savings for Transferring Financial Advantage and Opportunities for Financial Inclusion [J]. Children and Youth Services Review, 2012, 34 (1): 144 – 154.

[47] Grinstein, W. M., Spader, J., Yeo, Y. H. et al. Parental Transfer of Financial Knowledge and Later Credit Outcomes among Low and moderate-income Homeowners [J]. Children & Youth Services Review, 2011, 33 (1): 78 – 85.

[48] Hastings, J. S., Madrian, B. C., Skimmy horn, W. L. Financial Literacy, Financial Education, and Economic Outcomes [J]. Annual Review of Economics, 2013, 5 (1): 347 – 373.

[49] Hilgert, M. A., Hogarth, J. M., Beverly, S. G. Household Financial Management: the Connection between Knowledge and Behavior [J]. Federal Reserve Bulletin, 2003, 89 (7): 309 – 322.

[50] Holt, C. A., Laury, S. K. Risk Aversion and Incentive Effects [J]. American Economic Review, 2002, 92 (5): 1644 – 1655.

[51] Huang, J., Nam, Y., Sherraden, M. S. Financial Knowledge and Child Development Account Policy: A Test of Financial Capability [J]. Journal of Consumer Affairs, 2013, 47 (1): 1 – 26.

[52] Hung, A., Parker, A., Yoong, J. Defining and Measuring Financial Literacy [R]. RAND working paper, No. 708, 2009.

[53] Huston, S. J. Measuring Financial Literacy [J]. Journal of Consumer Affairs, 2010, 44 (2): 296 – 316.

[54] Jamison, J. C., Karlan, D., Zinman, J. Financial Education and Access to Savings Accounts: Complements or Substitutes? Evidence from Ugandan Youth Clubs [R]. NBER Work-

ing Paper, No. 20135, 2014.

[55] Jorgensen, B. L., Savla, J. Financial Literacy of Young Adults: The Importance of Parental Socialization [J]. Family Relations, 2010, 59 (4): 465 -478.

[56] Kagotho, N., Nabunya, P., Ssewamala, F., Mwangi, E. N., Njenga, G. The Role of Family Financial Socialization and Financial Management Skills on Youth Saving Behavior [J]. Journal of Adolescence, 2017, 59: 134 -138.

[57] Kim, Jinhee. Financial Knowledge and Subjective and Objective Financial Well-being [J]. Consumer Interests Annual, 2001, 47: 1 -3.

[58] Lisa, J., Servon, R. K. Consumer Financial Literacy and the Impact of Online Banking on the Financial Behavior of Lower income Bank Customer [J]. Journal of Consumer Affairs, 2008, 42 (2): 271 -305.

[59] Lührmann, M., Serra-Garcia, M., Winter, J. Teaching Teenagers in Finance: Does it Work? [J]. Journal of Banking & Finance, 2015, 54: 160 -174.

[60] Lusardi, A., Mitchell, O. S. Baby Boomer Retirement Security: The Roles of Planning, Financial Literacy, and Housing Wealth [J]. Journal of Monetary Economics, 2006, 54 (1): 205 -224.

[61] Lusardi, A., Mitchell, O. S. Planning and Financial Literacy: How do Women Fare? [J]. American Economic Review, 2008, 98 (2): 413 -417.

[62] Lusardi, A., Mitchell, O. S. The Economic Importance of Financial Literacy: Theory and Evidence [J]. Journal of Economic Literature, 2014, 52 (1): 5 -44.

[63] Mandell, L., Klein, L. S. Motivation and Financial Literacy [J]. Financial Services Review, 2007, 16 (2): 105 -116.

[64] Marcolin, S., Anne, A. Financial LiteracyResearch: Current Literature and Future Opportunities [R]. 2006.

[65] Nyhus, E. K., Webley, P. The Role of Personality in Household Saving and Borrowing Behavior [J]. European Journal of Personality, 2001, 15: 85 -103.

[66] OECD. PISA 2012 Assessment and Analytical Framework: Mathematics, Reading, Science, Problem Solving and Financial Literacy [R]. Paris: OECD, 2013.

[67] Pedhazur, Elazar J., Liora P. S. Measurement, Design, and Analysis: An Integrated Approach [M]. Hillsdale, NJ: Lawrence Erlbaum Associates, Inc. 1991.

[68] Remund, D. L. Financial Literacy Explicated: The Case for a Clearer Definition in an Increasingly Complex Economy [J]. Journal of Consumer Affairs, 2010, 44 (2): 276 -295.

[69] Rooij, M. V., Lusardi, A., Alessie, R. Financial Literacy and Stock Market Participation [J]. Journal of Financial Economics, 2011, 101 (2): 449 -472.

[70] Romagnoli, A., Trifilidis, M. Does Financial Education at School Work? Evidence from Italy [R]. Bank of Italy Occasional Paper, No. 155, 2013.

[71] Sevim, N., Temizel, F., Özlem Sayılır. The Effects of Financial Literacy on the Borrowing Behavior of Turkish Financial Consumers [J]. International Journal of Consumer Studies, 2012, 36 (5): 573 -579.

[72] Sherraden, M. S., Johnson, L., Guo, B., Elliott, W. Financial Capability in Children: Effects of Participation in a School-based Financial Education and Savings Program [J]. Journal of Family and Economic Issues, 2011, 32 (3): 385 - 399.

[73] Shim, S., Barber, B. L., Card, N. A., et al. Financial Socialization of First-year College Students: The Roles of Parents, Work, and Education [J]. Journal of Youth & Adolescence, 2010, 39 (12): 1457 - 1470.

[74] Sohn, S. H., Joo, S. H., Grable, J. E. et al. Adolescents' Financial Literacy: The Role of Financial Socialization Agents, Financial Experiences, and Money Attitudes in Shaping Financial Literacy among South Korean Youth [J]. Journal of Adolescence, 2012, 35 (4): 969 - 980.

[75] Tang, N, A. Baker, P. C. Peter. Investigating the Disconnect between Financial Knowledge and Behavior: The Role of Parental Influence and Psychological Characteristics in Responsible Financial Behaviors among Young Adults [J]. Journal of Consumer Affairs, 2015, 49 (2): 376 - 406.

[76] Vitt, Lois A., Carol A., Jamie K., et al. Personal Finance and the Rush to Competence: Financial Literacy Education in the U. S. [R]. 2000.

作者单位：中南财经政法大学公共管理学院

New Progress in the Study of Financial Literacy and its Education at Home and Abroad

Wei Ping　Liu Jinping　Yue Hua

Abstract: With the acceleration of marketization and information technology, people are facing more financial problems. The frequent occurrence of "cash loan", "campus loan" and other events is closely related to the low financial literacy of teenagers and college students in China. Financial literacy education has become urgent. It has become an important agenda for global policy makers to implement financial literacy education and effectively improve students' financial literacy. Compared with the mature theoretical and practical research results abroad, the research on financial literacy in China is still in its infancy. This article first systematically sorts out the definition of financial literacy by scholars at home and abroad. Compared with foreign financial literacy and wealth concepts, China's financial literacy concept also contains moral values. Based on the definition of construction, scholars have proposed a measurement system for financial literacy, including evaluation content, measurement methods, and evaluation procedures. Some studies have found that financial literacy levels are affected by multiple factors at the individual, family, and social levels. Financial literacy education covering the entire education system has become an important policy implemented by governments in all countries to improve citizen welfare. Therefore, this article summarizes the latest research progress at home and abroad, with a view to providing reference for future research on the financial literacy of students in China.

Key words: the Level of Financial Literacy; Financial Literacy Education; Research Progress

财政透明度感知对政府信任的影响

——基于 CGSS 2015 数据的实证分析

张颂迪　魏福成

摘　要：民众对于政府的信任度会影响其参与社会治理的积极性进而影响政策有效性。而财政透明度感知又会直接影响民众对于政府的信任程度。本文基于有序 Probit 模型，使用 2015 年中国综合社会调查（CGSS）的数据，分析了财政透明度感知对于政府信任的影响。研究结果表明：第一，民众的财政透明度感知水平越高，其对于政府信任程度越高。第二，财政透明度感知水平的提高会使得民众对于政府持“特别不信任、不信任和一般”态度的概率不断降低，使得民众对于政府持“信任和特别信任”态度的概率越来越高。第三，在互联网使用频率越高的群组和城市的群组中，财政透明度感知对于政府信任的正向效应更加明显。

关键词：财政透明度感知；政府信任；互联网使用频率

一、引言与文献综述

随着我国当前的改革日益深入，所遇到的问题也更加复杂化，需要不断完善制度建设以使民众和政府之间能够进行良性的互动，进而推动社会进步。同样，在社会治理方面也要推陈出新，党的十九届四中全会提出：“坚持和完善共建共治共享的社会治理制度，保持社会稳定，维护国家安全”①。而政府信任的程度对于民众积极地参与社会治理起着至关重要的作用（Lee and Schachter，2015；贾亚娟和赵敏娟，2019），会影响社会的稳定发展。实际上，在经济文化科技等各个社会生活领域，政府政策的施行都需要民众的配合。民众对于政府的信任度会影响其行为选择和偏好，比如对消费行为的选择和对再分配的偏好等，这将会对政策推行的顺利程度和政策最终的有效性产生深刻的影响（仇焕广等，2007；李新荣等，2014；徐建斌，2016；钟昌标和于东平，2020）。因此，研究如何提高民众的政府信任水平对整个社会的发展都大有裨益。

① 姜晓萍．人民日报思想纵横：社会治理须坚持共建共享［EB/OL］．http：//opinion.people.com.cn/BIG5/n1/2020/0916/c1003－31862716.html.

美国知名公关公司爱德曼在2020年4月所发布的信任度调查报告显示，中国民众对政府信任度达到了95%[①]，较1月所公布的数值增加了5%，这反映出政府在突发事件之中的有效应对会极大地提升民众对于政府的信任度。哈佛大学肯尼迪政府学院发布的民意调查报告（2003～2016年）表明，我国民众在2016年对于各级政府的满意度相比于2003年有了很大的提升，民众对于中央、省、市县和乡镇政府的满意度分别为93.1%、81.7%、73.9%和70.2%（Cunningham and Saich et al.，2020）。这显示出我国政府与民众之间的互动关系朝着一个较好的方向前进，政府在政民关系的建设中取得了很大的成果，但是政府信任的"差序格局"仍然存在，因此，提升政府信任依然有很长的路要走。而且民众对于政府的信任程度并不是一成不变的，政府在与民众的互动过程中需要及时体察民意并且予以反馈才能使得民众一直对其保持较高的信任度。因此，研究长期内民众对政府信任的影响因素是一项十分重要的课题。

已有国内外文献研究对于政府信任（trust in government）的影响因素进行了很多探讨。其基本角度：一是从信息传播的角度研究社交媒体对于政府信任的影响，其研究结论不尽相同。有研究表明网络的使用对于政府信任起到了积极的作用（Song and Lee，2016；Zhu and Liu et al.，2020）；有文献认为其会对政府信任起到负面效果（孙兰英和陈嘉楠，2019；朱荟，2016）；也有文献研究发现官媒和非官媒将对政府信任会产生不同的效果（薛可等，2018）。二是从政府行为的角度出发进行研究。这些行为包括政府治理绩效、所提供的公共服务的质量、政府透明度、对突发事件的应对和反腐败等（Zhao and Hu，2015；Porumbescu，2017；陈旻和邱新有，2016；陈思霞和卢盛峰，2016；吴进进，2017；季程远和孟天广，2020；王晓红等，2020；杨雪冬，2020），总的来说，政府的"善政"都会使得民众对政府的信任度有所提升。三是从民众自身所具有的社会属性和个人属性的角度进行研究，个人属性包括性别、年龄、教育程度、收入差距和政治面貌等，社会属性包括个人所受到的文化熏陶、社会资本等，目前关于个人属性对于政府信任是否有影响并没有一致的结论（Zhao and Hu，2015）。关于社会属性对政府信任的研究大都认为社会资本和社会公平感都对政府信任有正向的影响（胡荣等，2011；曹静晖等，2017；赵海堂，2018；陶思佳，2018；王域，2019），也有研究认为社会网络对政府信任具有负向的影响（雷旭川和赵海棠，2017）。

以往的研究极大地丰富了有关政府信任影响因素的研究。但是，从制度完善的视角出发研究政府信任的文献比较少，而制度建设对于长期的高政府信任

---

① 新华社．美国信任度调查报告显示中国民众对政府信任度达95%［EB/OL］．http：//www.gov.cn/xinwen/2020－07/26/content_5530175.htm.

度又是一个十分关键的因素，党的十八届三中全会公报中提出要推进国家治理体系和治理能力现代化，同时也提出了财政是国家治理的基础和重要支柱。因此，财政制度的完善将会对社会各领域产生深刻的影响。本文基于财政信息公开制度这一角度，研究了财政透明度感知对于政府信任的影响。由于政府的财政收入大多取之于民，其自然也该用之于民。政府实际上相当于是民众选出的进行财政支出的代理人，民众自然会十分关注其在社会成员之间的分配，如果财政信息能够公开透明，且财政资金多用之于民，将会使得民众对于财政透明度的感知度得到极大的提升，进而增加民众对于各级政府尤其是基层政府的信任度。目前，我国的财政透明度水平停留在较低的水平，大力地公开财政预算信息将会产生极大的边际效应，释放改革“红利”，从而大大发挥财政在国家治理方面的作用。

既往文献对于国内财政透明度的影响也有较多的研究，但是大多都是分析其对政府债务规模、财政支出方向及效率、非税收入、融资成本等财政领域重要议题的影响（郭月梅和欧阳洁，2017；刘生旺和陈鑫，2019；邓淑莲和刘潋滟，2019；马文涛等，2020；马文涛和张鹏，2020）。也有部分文献研究了其对社会其他领域的影响，如研究其对居民幸福感和社会公平感知的影响（李湛等，2019；梅正午和孙玉栋，2020）。但是，目前很少有文献探讨财政透明度对政治领域所可能产生的影响，对其可能在社会治理上所发挥的作用挖掘的还不够多。

本文的主要贡献在于以下几点：一是丰富了有关政府信任的影响因素研究，既往文献较少从财政透明度感知这一角度出发进行研究。二是也为研究财政透明度对政治方面的影响提供了一个新的视角，以往关于财政透明度的影响研究多集中在财政领域，本文将其扩展至政治领域，有利于将“财”与“政”进行良好的结合。三是在数据方面相比于已有文献有所创新，以往关于国内财政透明度研究所用的数据多采用上海财经大学的省级财政透明度数据或清华大学的市级财政透明度数据等宏观数据，本文首次采用 CGSS 2015 年的微观数据来进行财政透明度感知的度量，其样本十分丰富，能够更加直观地反映民众对于财政透明度的看法。

二、实证模型设计及数据说明

为更好地分析财政透明度对政府信任的影响，本文采用中国综合社会调查（CGSS）2015 年的数据，建立有序 PROBIT 模型，其中，被解释变量 $zzxr_i$ 为个体的政府信任程度，核心解释变量 $cztm_i$ 为个体对财政透明度的感知。此外，本文在模型中加入了个体的一些特征，以控制其对政府信任的影响：

$$zzxr_i = \alpha_0 + \alpha_1 cztm_i + \sum_j \beta_j C_i + \varepsilon_i$$

被解释变量为政府信任，本文采用 2015 年 CGSS 问卷中的问题来进行度量，问题为“您对政府在以下工作方面的表现是否满意——政府部门秉公办事?”，其是一个有序变量，在进行反向赋值之后的取值为“1 非常不满意，2 不满意，3 一般，4 满意，5 非常满意。”这些数值代表个体对政府的看法为“1 非常不信任，2 不信任，3 一般，4 信任，5 特别信任。”

核心解释变量为财政透明度感知，其采用“如果只通过正式渠道，做成下列事情的难易程度如何——了解地方政府财政经费的收支情况?”这一问题的回答作为度量，其回答为“1 非常困难，2 比较困难，3 一般，4 比较容易，5 非常容易”，即个体对于财政透明度的感知为“1 十分不透明，2 较不透明，3 一般，4 较透明，5 十分透明”。这极好地体现了民众对财政透明度的主观感受。

控制变量包括一些个体和家庭的特征变量，这些特征会直接影响个人的性格形成等方面，可能会对识别财政透明度感知对政府信任的影响产生干扰，因此将这些因素加入模型中予以控制，控制变量包括性别（*xb*），年龄（*age*），教育程度（*jycd*），人均家庭收入水平（*pjjtsr*），个人收入（*grsr*），政治面貌（*zzmm*），宗教（*zj*）和户口（*hk*）。政治面貌分为党员和非党员两类，户口分为农业户口和非农业户口，宗教分为信教和不信教两类，其他变量为连续变量。

此外，本文还采用了个体关于人民代表大会（以下简称“人大”）监督有效性的看法作为财政透明度的工具变量，问题为“现实中是否有效——政府的年度财政预算不合理，同级人大能够发现并监督政府纠正?”其回答为“1 完全无效，2 不太有效，3 一般，4 通常有效，5 总是有效。”在进行稳健性分析时，本文采用了如下两个变量作为财政透明度感知的替代变量：一是用民众关于政府采购监管部门对“招标不透明”监督有效性的看法（*trans*1）作为第 1 个替代变量，问题为“现实中是否有效——政府招标不公开透明，会受到政府采购监管部门监督”，其回答为“1 完全无效，2 不太有效，3 一般，4 通常有效，5 总是有效。”二是采用民众对审计部门在预算执行中监督有效性的看法（*trans*2）作为第 2 个替代变量，其问题和回答分别为“现实中是否有效——审计机关通过财务审计监督政府部门按规定执行财务预算”和“1 完全无效，2 不太有效，3 一般，4 通常有效，5 总是有效。”在异质性分析中，本文根据互联网使用频率（*inter*）和城乡（*urban*）进行了分样本分析。

本文所采用的数据皆来自 2015 年中国综合社会调查（CGSS），表 1 详细地报告了关于各变量的描述性统计。其中，政府信任的平均值大于 3，说明民众对政府比较信任。财政透明度感知（*cztm*）是居民对于自身是否能够通过正规渠道了解到财政资金使用情况的主观感受，其均值偏低。这一方面是由于政府本身的财政信息公开的范围和内容都比较有限；另一方面可能是由于信息不对称的问题，政府将财政信息公布后，居民不知道从哪儿可以获得有关信息。

表 1　　描述性统计

变量	变量名	均值	标准差	最小值	中位数	最大值
zzxr	政府信任	3.229	0.926	1	3.00	5
cztm	财政透明度感知	1.997	0.846	1	2.00	5
cztm_iv	财政透明度感知Ⅳ	3.009	0.858	1	3.00	5
*trans*1	替代变量 1	2.973	0.866	1	3.00	5
*trans*2	替代变量 2	3.106	0.823	1	3.00	5
inter	互联网使用频率	2.511	1.648	1	2.00	5
urban	城市 =1；农村 =2	1.402	0.490	1	1	2
age	年龄	48.942	16.918	18	48.00	94
xb	男性 =1；女性 =2	1.509	0.500	1	2.00	2
jycd	教育程度	5.079	3.132	1	4.00	13
zzmm	非党员 =0；党员 =1	0.112	0.315	0	0.00	1
zj	不信教 =0；信教 =1	0.890	0.312	0	1.00	1
hk	农业 =0；非农 =1	0.442	0.497	0	0.00	1
pjjtsr	平均家庭收入/万元	2.239	2.056	0	1.50	8
grsr	个人年收入/万元	2.466	2.619	0	2.00	10

三、实证结果分析

（一）财政透明度感知与政府信任：基准回归结果

由于被解释变量政府信任是一个取值范围为 0～5 的有序变量，数值从低至高表示民众对政府越来越信任，因此本文利用 Ordered Probit 模型进行估计。表 2 汇报了基准回归结果，为使估计结果更加具有稳健性，本文也采用了 OLS 进行了估计。表 2 中第（1）列和第（3）列 OLS 的估计结果，在添加了控制变量之后，财政透明度感知的系数估计值依然显著为正且大小几乎没有变化，除年龄和教育程度外，其他变量对于政治信任的影响都不显著。第（2）列和第（4）列为采用 Ordered Probit 进行估计之后的结果，财政透明度感知的系数估计值依然显著为正。这表明财政透明度感知对政府信任有显著的正向影响，即民众关于财政透明度感知的水平越高，其对于政府的信任程度就会越高。

表 2　　　　财政透明度感知对政府信任的影响：基准回归

被解释变量	(1)	(2)	(3)	(4)
	OLS	Ordered Probit	OLS	Ordered Probit
cztm	0.1785*** (7.89)	0.2005*** (7.44)	0.1786*** (7.96)	0.2034*** (7.49)
age			0.0043*** (3.31)	0.0051*** (3.33)
xb			0.0401 (1.06)	0.0413 (0.92)
jycd			-0.0251*** (-3.01)	-0.0299*** (-3.06)
pjjtsr			0.0074 (0.62)	0.0090 (0.63)
zzmm			0.0034 (0.05)	0.0042 (0.06)
zj			-0.0272 (-0.44)	-0.0444 (-0.60)
hk			-0.0067 (-0.15)	-0.0174 (-0.34)
grsr			-0.0206** (-2.11)	-0.0243** (-2.15)
_cons	2.8729*** (55.30)		2.7923*** (21.65)	
N	2445	2445	2445	2445
R^2	0.027		0.054	
Adjusted R^2	0.026		0.051	
Pseudo R^2		0.010		0.021

注：（1）括号内为 t 值或 Z 值；（2）***、** 分别表示在 1% 和 5% 的水平上显著。

（二）财政透明度感知与政府信任：边际结果

从基准回归的结果可以看出财政透明度感知对政府信任有正向影响，但是由于 Ordered Probit 模型估计的系数含义不明确，因此，本文进一步估计了各变量对政治信任的边际效应，回归结果如表 3 所示。

表 3　　财政透明度感知对政府信任的边际效应

被解释变量	(1)	(2)	(3)	(4)	(5)
	特别不信任	不信任	一般	信任	特别信任
cztm（2）	-0.025*** (-4.29)	-0.058*** (-5.00)	-0.020*** (-5.30)	0.079*** (5.00)	0.024*** (5.30)
cztm（3）	-0.031*** (-5.00)	-0.076*** (-5.67)	-0.032*** (-4.73)	0.104*** (5.67)	0.035*** (5.20)
cztm（4）	-0.044*** (-6.42)	-0.124*** (-6.82)	-0.079*** (-4.16)	0.170*** (7.01)	0.077*** (4.31)
cztm（5）	-0.053*** (-6.49)	-0.177*** (-4.23)	-0.175* (-1.76)	0.224*** (10.09)	0.182 (1.40)
age	-0.000*** (-3.20)	-0.001*** (-3.33)	-0.001*** (-3.28)	0.001*** (3.35)	0.001*** (3.26)
xb	-0.003 (-0.97)	-0.009 (-0.97)	-0.004 (-0.97)	0.012 (0.97)	0.005 (0.97)
jycd	0.002*** (3.01)	0.006*** (3.08)	0.003*** (2.98)	-0.008*** (-3.08)	-0.003*** (-3.03)
pjjtsr	-0.001 (-0.68)	-0.002 (-0.68)	-0.001 (-0.68)	0.003 (0.68)	0.001 (0.68)
zzmm	-0.000 (-0.01)	-0.000 (-0.01)	-0.000 (-0.01)	0.000 (0.01)	0.000 (0.01)
zj	0.004 (0.65)	0.010 (0.65)	0.005 (0.65)	-0.013 (-0.65)	-0.005 (-0.65)
hk	0.001 (0.35)	0.004 (0.35)	0.002 (0.35)	-0.005 (-0.35)	-0.002 (-0.35)
grsr	0.002** (2.08)	0.005** (2.12)	0.002** (2.10)	-0.007** (-2.13)	-0.002** (-2.09)
N	2445	2445	2445	2445	2445

注：（1）括号内为 t 值或 Z 值；（2）***、**、*分别表示在 1%、5% 和 10% 的水平上显著。

从表3中可以看出，随着财政透明度感知的取值越来越大，其对政府信任的边际效应也逐渐加大。当民众觉得政府的财政透明度增强，其对政府持“特别不信任、不信任和中立”态度的概率不断减少；相反，对政府持“信任和特别信任”态度的概率不断增加。具体而言，当民众的财政透明度感知为较不透明、一般、透明和十分透明时，其对政府特别不信任的概率将分别下降2.5%、3.1%、4.4%和5.3%，对于政府持信任态度的概率将分别增加7.9%、10.4%、17%和22.4%，对于政府持特别信任态度的概率分别增加2.4%、3.5%、7.7%和18.2%。另外，在“特别信任”“不信任”和“一般”中，财政透明度感知水平的提升对于民众持“不信任”态度的减少效应最为明显；在“信任”和“特别信任”中，其对于民众持信任态度的增加效应最为明显。

（三）财政透明度感知与政府信任：处理内生性

由于本文所使用的是横截面数据，可能存在内生性问题所带来的偏误，因此，为谨慎起见，本文用民众关于人大对预算监督有效性的看法（*cztm_iv*）作为财政透明感知度（*cztm*）的工具变量，采用两阶段最小二乘法（2SLS）进行估计，以进一步厘清财政透明度感知和政府信任之间的关系。

民众关于人大对预算监督有效性的看法（*cztm_iv*）的取值越高，表示其认为人大的预算监督是越有效的。采用此指标作为工具变量的原因如下：除了政府努力地将各项财政信息进行公开之外，权力部门对于预算的监督也是民众感知财政透明的重要方面。我国各级政府各个部门每年的预算草案都要在两会上报人大进行审批，人大对预算有最直接的监督作用。如果人大能够对于预算进行很好的监督，将会使得预算制定的更加合理，减少财政资金的不当使用，尤其是有些无法对社会公开的预算内容，人大的监督是保证财政透明的重要方面。因此，民众关于人大监督预算有效性的看法会极大地影响其对财政透明度的感知状况，进而影响其对政府的信任程度，这满足工具变量的“相关性”假设。另外，民众关于人大预算监督有效性的看法与个人的特征属性和收入等都几乎没有关系，其通过除财政透明度感知外的其他渠道影响政治信任的可能性较小，这满足工具变量的“无关性”的假设，因此本文认为民众关于人大监督预算有效性的看法（*cztm_iv*）是一个合格的工具变量。

表4报告了采用二阶段最小二乘估计法的结果。其中，第（1）列和第（2）列没有加入任何控制变量，分别为第一和第二阶段的结果，第（3）列和第（4）列为加入了控制变量后的一阶段估计和二阶段估计的结果。从第一阶段的估计结果可以看出，民众关于人大对预算监督有效性看法的系数估计值在1%的水平上显著为正，其含义为民众认为人大对于预算监督越有效，其对财

政透明度的感知状况就越好。弱工具变量检验 Cragg-Donald Wald F 统计量的值为 57. 94 和 57. 66，远超临界值 16. 38，说明本文所选取的工具变量不是弱工具变量。第二阶段的回归结果表明，即使考虑了内生性偏误，财政透明度感知对于政府信任依然有正向影响。

表 4　　财政透明度感知对政府信任的影响：2SLS

被解释变量	(1)	(2)	(3)	(4)
	第一阶段	第二阶段	第一阶段	第二阶段
	cztm	*zzxr*	*cztm*	*zzxr*
cztm_iv	0. 1502*** (0. 0200)		0. 1509*** (0. 0201)	
cztm		1. 8179*** (6. 61)		1. 7011*** (6. 50)
age			0. 0014 (0. 0012)	0. 0009 (0. 39)
xb			-0. 0133 (0. 0360)	0. 0500 (0. 75)
jycd			0. 0049 (0. 0081)	-0. 0330** (-2. 23)
pjjtsr			0. 0194* (0. 0118)	-0. 0200 (-0. 91)
zzmm			0. 0886 (0. 0639)	-0. 1399 (-1. 18)
zj			0. 0295 (0. 0583)	-0. 0632 (-0. 58)
hk			0. 0079 (0. 0410)	-0. 0126 (-0. 17)
grsr			-0. 0034 (0. 0091)	-0. 0123 (-0. 74)
_cons	1. 5451*** (0. 0601)	-0. 4012 (-0. 73)		0. 0312 (0. 06)
N	2445	2445	2445	2445
Adjusted R^2	0. 023		0. 025	

注：(1) 括号内为 t 值或 Z 值；(2) ***、**、* 分别表示在 1%、5% 和 10% 的水平上显著。

（四）稳健性检验

为进一步验证财政透明度感知与政府信任之间的关系，本文更换了财政透明度感知的度量方式，进行稳健性检验。第一个“财政透明度感知”的替代指标为民众关于政府采购监管部门对“招标不透明”监督有效性（*trans*1）的看法，其数值越高，表明民众越认为监管部门的监督是有效的，政府招标的过程是透明的。由于政府采购招标涉及财政资金的使用，民众对采购过程公开透明的感知也是财政透明度感知的重要表现。第二个“财政透明度感知”的替换指标为民众对预算在执行过程中所受到的审计部门监督的有效性（*trans*2）的看法，其数值越高表明个体越认为监督是有效的，即预算的执行是依照计划进行的。财政透明度不仅包括政府将科学编制的预算向社会公众公开，还包括政府在预算执行过程中的公开透明，这也是财政透明度感知的一个重要方面。

表5汇报了稳健性检验的结果。本文采用了OLS和Ordered Probit两种方法进行稳健性检验，第（1）列和第（2）列采用第一个替代指标（*trans*1）估计，第（3）列和第（4）列采用第二个替代指标（*trans*2）进行估计。OLS估计的系数都在1%的水平上显著为正，Ordered Probit的估计系数也为正。稳健性检验进一步验证了财政透明度感知对政府信任有积极的影响。

表5　　财政透明度感知对政府信任的影响：稳健性检验

被解释变量	（1）	（2）	（3）	（4）
	OLS	Ordered Probit	OLS	Ordered Probit
*trans*1	0.2594*** （11.19）	0.3069*** （10.65）		
*trans*2			0.2573*** （10.29）	0.3030*** （9.70）
age	0.0035*** （2.73）	0.0042*** （2.77）	0.0038*** （2.97）	0.0046*** （2.99）
xb	0.0239 （0.63）	0.0235 （0.52）	0.0099 （0.26）	0.0074 （0.16）
jycd	-0.0240*** （-2.90）	-0.0289*** （-2.97）	-0.0256*** （-3.04）	-0.0309*** （-3.11）
pjjtsr	0.0094 （0.78）	0.0110 （0.77）	0.0053 （0.43）	0.0064 （0.44）

续表

被解释变量	(1)	(2)	(3)	(4)
	OLS	Ordered Probit	OLS	Ordered Probit
zzmm	-0.0088 (-0.14)	-0.0106 (-0.14)	-0.0060 (-0.09)	-0.0078 (-0.10)
zj	-0.0146 (-0.23)	-0.0304 (-0.40)	-0.0166 (-0.26)	-0.0339 (-0.44)
hk	0.0139 (0.31)	0.0063 (0.12)	0.0013 (0.03)	-0.0092 (-0.17)
grsr	-0.0161* (-1.67)	-0.0192* (-1.69)	-0.0167* (-1.69)	-0.0201* (-1.73)
_cons	2.3980*** (16.87)		2.4002*** (16.43)	
N	2370	2370	2306	2306
Adjusted R^2	0.082		0.075	
Pseudo R^2		0.033		0.031

注：（1）括号内为 t 值或 Z 值；（2）***、*分别表示在 1% 和 10% 的水平上显著。

（五）异质性分析：分样本估计

本文衡量“财政透明度感知”所依据的是微观调查数据，其与宏观数据有着很大的不同。省级和市级的财政透明度调查数据主要是根据政府预算公开的范围和级次等标准对政府的预算透明度进行评价，其体现的是客观上政府的财政透明度。而微观数据体现的是民众对于自身通过正式渠道可以获得政府财政收支信息的信心，其取值主要由两个因素决定：一是客观上政府的财政透明度状况；二是民众自身的信息获取能力。如果政府将财政信息公开后，民众不知道从何获取信息也会导致其主观上对财政透明度的感知水平较低。

目前，互联网的普及程度极大地增强了民众对信息的获取能力，民众对互联网的使用情况不同将极大地影响其对政府信息的了解。因此，本文根据民众对于互联网使用的频繁程度（*inter*）进行了分样本估计，数值越高代表个体使用互联网越频繁，即表示其越有可能接触到政府所公布的预算信息。由于我国城乡之间有很大的差异性，因此城乡居民对于财政信息的关注度和获取信息的能力都有所不同，这会造成民众对财政透明度感知的差异。故本文也按照城乡（*urban*）进行了分组回归分析，取值为 1 和 0 分别代表个体是城市和农村的。

表6展示了分样本回归的结果。第（1）列至第（5）列分别为互联网使用的频繁程度取值从1~5的估计结果，可以看出，随着互联网使用越来越频繁，财政透明度感知对政府信任的影响程度也逐渐加大。第（6）列和第（7）列分别是样本类型为城市和农村的回归结果，可以看出，在城市的民众中，财政透明度感知对政治信任的影响更大。

表6　　异质性分析

被解释变量	(1)	(2)	(3)	(4)	(5)	(6)	(7)
	zzxr	*zzxr*	*zzxr*	*zzxr*	*zzxr*	*zzxr*	*zzxr*
cztm	0.143*** (3.85)	0.220** (2.32)	0.248*** (2.99)	0.280*** (4.10)	0.313*** (5.03)	0.242*** (7.38)	0.153*** (3.65)
age	0.003 (1.18)	-0.001 (-0.14)	-0.007 (-1.06)	-0.002 (-0.42)	-0.001 (-0.16)	0.003 (1.60)	0.007*** (2.69)
xb	0.015 (0.22)	-0.033 (-0.19)	0.147 (0.90)	0.139 (1.19)	0.031 (0.31)	0.053 (0.91)	0.062 (0.85)
jycd	-0.044** (-2.17)	0.159*** (3.05)	-0.038 (-1.15)	-0.031 (-1.38)	-0.021 (-1.10)	-0.033*** (-2.78)	-0.024 (-1.21)
pjjtsr	0.014 (0.55)	-0.011 (-0.16)	0.030 (0.62)	0.012 (0.36)	0.023 (0.90)	0.019 (1.12)	-0.000 (-0.00)
zzmm	0.011 (0.09)	-0.139 (-0.40)	-0.108 (-0.44)	0.237 (1.36)	0.004 (0.03)	0.017 (0.19)	-0.028 (-0.18)
zj	-0.131 (-1.36)	-0.138 (-0.52)	-0.135 (-0.57)	0.372* (1.94)	0.011 (0.07)	-0.017 (-0.19)	-0.068 (-0.65)
hk	-0.031 (-0.38)	-0.215 (-1.22)	0.118 (0.62)	0.185 (1.42)	0.114 (0.97)	0.199*** (2.97)	-0.269* (-1.84)
grsr	-0.018 (-0.73)	0.019 (0.42)	-0.018 (-0.50)	-0.034 (-1.34)	-0.012 (-0.61)	-0.027** (-1.99)	-0.003 (-0.13)
N	1176	197	200	389	482	1463	981
r2_p	0.009	0.039	0.031	0.029	0.022	0.025	0.015

注：（1）括号内为t值或Z值；（2）***、**、*分别表示在1%、5%和10%的水平上显著。

四、结论和政策建议

政府部门所筹集的财政资金多来源于民众，其使用的规范性也是民众十分关心的事情。财政资金的使用是否公开透明对于民众的政府信任度有直接的影响，进而影响民众在政策执行过程中的行为选择，最终影响政府治理的效果。本文基于2015年中国综合社会调查（CGSS）的微观数据，从财政透明度感知这一角度出发研究其对政府信任的影响。实证结果表明，民众的财政透明度感知对政府信任有显著为正的影响。而且，随着财政透明度感知水平不断提高，其对政府信任的边际效应越来越大，会使得民众对政府持特别不信任、不信任和一般态度的概率不断降低，民众对政府持信任和特别信任态度的概率不断增加。另外，民众对财政透明度的感知与其信息获取能力有极大的关系，因此，在使用互联网越频繁的个体和居住在城市的个体之中，财政透明度感知对政府信任有着更大的影响效应。

基于以上结论，本文提出如下建议：

（一）加大财政信息公开的力度，切实提高财政透明度

民众对于财政透明度的感知最主要的决定因素还是客观上财政预算信息公开的范围，因此政府自身加大预算公开的力度是最根本的措施。国际预算合作组织（IBP）从2008年开始将中国包含在公开预算调查之中，对我国预算透明度的评分在2012年、2015年和2017年分别为11分、14分和13分（满分为100分），说明我国在提升预算透明度方面还有很大的空间。政府在预算公开的过程中应该将级次更加细化一些，公开的范围更广一些。同时，也应该增加在预算执行过程中的监督力度，以使财政资金的使用更加透明。

（二）增强预算可读性，降低监督门槛

预算的编制本身属于比较专业的范畴，且内容庞杂。每年两会的时间比较有限，人大代表要表决多种事项，很难仔细阅读完毕全部预算，且预算编制较为复杂，完全读懂预算有些难度，这会使得人大对预算监督的有效性降低。对于普通民众来说，看懂预算更是一件有难度的事。因此，可以组织专家在两会召开之前仔细讨论预算内容，将预算中有争议的地方向社会公开搜集建议，然后将信息汇总至简化版的预算后提交人大进行表决。政府在人大表决之后可以将修改后的简化版预算向社会公开。

（三）创建便捷的信息通道，提高民众的参与度

即使政府公布了相关的预算决算信息，民众如果不知道从何获取，那么其对财政透明度的感知情况也不会太好，进而会降低其对政府的信任度。因此，当政府的预算信息准备向社会进行公开时，可以在其官方微博发布信息。另外，可以建立专门的预算信息发布平台，将财政部门和中央各个部门的预算信息集中到预算信息发布平台，降低民众搜寻各级政府预算信息的时间成本。

参考文献

[1] Cunningham, Edward, Tony Saich, and Jessie Turiel. 2020. Understanding CCP Resilience: Surveying Chinese Public Opinion through Time. Ash Center for Democratic Governance and Innovation.

[2] Lee Y, Schachter H L. Exploring the Relationship between Trust in Government and Citizen Participation [J]. International Journal of Public Administration. 2019, 42 (5): 405 - 416.

[3] Montes G C, Bastos J C A, de Oliveira A J. Fiscal transparency, government effectiveness and government spending efficiency: Some international evidence based on panel data approach [J]. Economic Modelling. 2019, 79: 211 - 225.

[4] Porumbescu G. Linking Transparency to Trust in Government and Voice [J]. The American Review of Public Administration, 2017, 47 (5): 520 - 537.

[5] Song C, Lee J. Citizens' Use of Social Media in Government, Perceived Transparency, and Trust in Government [J]. Public Performance & Management Review, 2016, 39 (2): 430 - 453.

[6] Zhao D, Hu W. Determinants of public trust in government: empirical evidence from urban China [J]. International Review of Administrative Sciences, 2015, 83 (2): 358 - 377.

[7] Zhu Z, Liu Y, Kapucu N, et al. Online media and trust in government during crisis: The moderating role of sense of security [J]. International Journal of Disaster Risk Reduction, 2020, 50: 101717.

[8] 曹静晖，黄嘉文，吕行．社会公平与政治信任——基于“中国乡镇民主与治理调查”的实证研究［J］．理论探讨，2017（3）：152－158.

[9] 陈旻，邱新有．反腐信息对政治信任的影响——基于制度反腐与网络反腐路径差异的实证研究［J］．江西社会科学，2016，36（10）：215－223.

[10] 陈思霞，卢盛峰．政府干预如何影响政府信任评价：来自中国的微观经验［J］．经济社会体制比较，2016（1）：137－151.

[11] 仇焕广，黄季焜，杨军．政府信任对消费者行为的影响研究［J］．经济研究，2007（6）：65－74，153.

[12] 邓淑莲，刘潋滟．财政透明度对地方政府债务风险的影响研究——基于政府间博弈视角［J］．财经研究，2019，45（12）：4－17.

[13] 郭月梅，欧阳洁. 地方政府财政透明、预算软约束与非税收入增长 [J]. 财政研究，2017 (7)：73－88.

[14] 胡荣，胡康，温莹莹. 社会资本、政府绩效与城市居民对政府的信任 [J]. 社会学研究，2011，25 (1)：96－117，244.

[15] 季程远，孟天广. 反腐败与政治信任：结构偏好与规模偏好的影响差异 [J]. 上海交通大学学报（哲学社会科学版），2020，28 (2)：99－112.

[16] 贾亚娟，赵敏娟. 环境关心和制度信任对农户参与农村生活垃圾治理意愿的影响 [J]. 资源科学，2019，41 (8)：1500－1512.

[17] 李新荣，李涛，刘胜利. 政府信任与居民通货膨胀预期 [J]. 经济研究，2014，49 (6)：58－72.

[18] 李湛，何鹏飞，梁若冰，储德银. 财政透明度与居民幸福感 [J]. 宏观经济研究，2019 (10)：88－102，143.

[19] 刘生旺，陈鑫. 财政透明能约束政府行为吗？——基于政府行政管理支出视角的研究 [J]. 审计与经济研究，2019，34 (4)：116－127.

[20] 马文涛，张朋，董松柯. 全球视角下的财政透明度与政府债务：机制识别与现实启示 [J]. 财政研究，2020 (2)：27－43.

[21] 马文涛，张朋. 财政透明度、逆周期调控与政府债务规模 [J]. 世界经济，2020，43 (5)：23－48.

[22] 梅正午，孙玉栋. 财政透明度与公民社会公平感知 [J]. 江汉学术，2020，39 (3)：42－52.

[23] 王域. 社会资本与政府信任关系的实证研究 [D]. 浙江工商大学，2019.

[24] 陶思佳. 社会资本、生活满意度与公众的政府评价 [D]. 浙江财经大学，2018.

[25] 王晓红，胡士磊，张奔. 环境污染对居民的政府信任和政治参与行为的影响 [J]. 北京理工大学学报（社会科学版），2020，22 (2)：31－40.

[26] 吴进进. 腐败认知、公共服务满意度与政府信任 [J]. 浙江社会科学，2017 (1)：43－51，156.

[27] 徐建斌. 政府信任与居民的再分配偏好——来自中国数据的经验分析 [J]. 经济社会体制比较，2016 (1)：152－163.

[28] 杨雪冬. 政府信任源于治理绩效 [N]. 环球时报，2020－08－08 (007).

[29] 赵海堂. 效率还是公平：经济绩效感知、公平感知对政治信任的影响研究 [D]. 西南交通大学，2018.

[30] 赵晖. 协商治理视角下的政府信任及其提升路径 [J]. 郑州大学学报（哲学社会科学版），2020，53 (2)：20－24，126.

[31] 钟昌标，于东平. 政府信任、情绪感染与政策执行 [J]. 浙江工商大学学报，2020 (4)：85－96.

[32] 钟文晶，罗必良. 公共政策及其响应：基于农民信任机制的解释——以农地确权政策为例 [J]. 中国农村观察，2020 (3)：42－59.

[33] 朱春奎，毛万磊. 政府信任的概念测量、影响因素与提升策略 [J]. 厦门大学学报（哲学社会科学版），2017 (3)：89－98.

[34] 朱荟. 流动人口的网络使用与政府信任——一项基于全国七城市的调查研究[J]. 南开学报（哲学社会科学版），2016（4）：131－140.

作者单位：中南财经政法大学财政税务学院

The Effect of Fiscal Transparency Perception on Government Trust

—Empirical Evidence from CGSS 2015 Data

Zhang Songdi　Wei Fucheng

Abstract: People's trust in the government will affect their enthusiasm to participate in social governance and thus affect the effectiveness of policies. And the perception of fiscal transparency will directly affect people's trust in the government. Based on the ordered Probit model and using data from the 2015 Chinese General Social Survey (CGSS), this paper analyzes the impact of fiscal transparency perception on people's trust in government. The results show that: Firstly, the higher the perceived level of fiscal transparency is, the higher the trust degree is in the government. Secondly, with the improvement of the perceived level of fiscal transparency, the probability of people holding a "special distrust, distrust and general" attitude towards the government will be continuously reduced, and the probability of people holding a "trust and special trust" attitude towards the government will be increasing. Thirdly, the positive effect of perceived fiscal transparency on people's trust in government is more obvious in the groups with higher frequency of Internet use and urban groups.

Key words: Fiscal Transparency Perception; Government Trust; Internet Usage Frequency

更正说明

本刊2019年上卷《农村金融扶贫体系构建研究——以贵州省为例》的作者彭虹工作单位由贵州铜仁学院更正为中南财经政法大学，特此说明。

《财政经济评论》编辑部

中南财经政法大学财政税务学院